ZEN Momente
Copyright © 2024 AS Verlag/ Astrid Schneider

Alle Rechte vorbehalten.

Die Rechte des hier verwendeten Textmaterials liegen ausschließlich beim Verfasser. Eine Verbreitung oder Verwendung des Materials ist untersagt und bedarf in Ausnahmefällen der eindeutigen Zustimmung des Verfassers.

Hinweis:
Aus Gründen der besseren Lesbarkeit wird auf die gleichzeitige Lesbarkeit der Sprachformen, männlich, weiblich und divers (m/w/d) verzichtet. Sämtliche Personenbezeichnungen gelten gleichermaßen für alle Geschlechter.

Widmung

Dieses Buch widme ich dir, du wundervolle Seele, die nach innerer Harmonie strebt.
Möge es dir als Wegweiser auf deiner besonderen Reise dienen. Mit jedem Kapitel, das du liest, lade ich dich ein, in die Stille einzutauchen und die Essenz des Zen in deinem Herzen zu spüren.

Mein Wunsch ist es, dass dieses Buch dich inspiriert und dir auf deinem Pfad der Selbsterkenntnis und spirituellen Erfüllung von Nutzen ist. Möge dieses Zenbuch dir nicht nur Frieden und Achtsamkeit im gegenwärtigen Moment schenken, sondern auch Weisheiten vermitteln, die dir zu mehr Selbstreflexion, Achtsamkeit und Glück im Alltag verhelfen.

Inhaltsverzeichnis

Einleitung	Seite 4
Zen und Buddhismus	Seite 5
Lass uns beginnen	Seite 6
Über die Autorin	Seite 7
Der Weg des Zen	Seite 8
Das Buch des Vetrauens	Seite 11
Die Kraft der Achtsamkeit	Seite 14
Die Kunst des bewussten Seins	Seite 17
Die Reise zur Selbstakzeptanz	Seite 20
Die Stille des Waldes	Seite 23
Die Magie des Atems	Seite 25
Die Lichtpfade der Gelassenheit	Seite 28
Der Tanz der Blätter	Seite 31
Die Weißheit des stillen Wassers	Seite 34
Das Labyrinth der Achtsamkeit	Seite 37
Der Weg des Kriegers	Seite 39
Die Weißheit der Vögel	Seite 42
Die Spiegelung des Mondes	Seite 45
Die Reise des Lächelns	Seite 48
Der Zauber der Träume	Seite 51
Die Geheimnisse der Sterne	Seite 54
Das Fließen des Wassers	Seite 57
Die Kunst des Zuhörens	Seite 60
Die Essenz der Gelassenheit	Seite 63
Die Schönheit des Augenblicks	Seite 66
Die Kunst des Vergebens	Seite 69
Die Blumen des Mitgefühls	Seite 72
Die Kunst des Nicht-Wissens	Seite 75
Vom Leiden zum inneren Frieden	Seite 78

Inhaltsverzeichnis

Der ehrliche Vogel.. Seite 81

Die Tiefe der Verbundenheit............................... Seite 84

Die Weißheit der Wolken...................................... Seite 87

Der Weg zum inneren Licht................................. Seite 89

Der Klang der Stille... Seite 92

Der Sonnenaufgang des Neuanfangs................ Seite 95

Der Garten des Vergebens.................................. Seite 98

Die Perfektion im Unvollkommenen.................. Seite 101

Die Kunst der Selbstachtung.............................. Seite 104

Die Kraft deiner Handlungen.............................. Seite 107

Die Kraft des positiven Denkens........................ Seite 110

Einleitung

Herzlich willkommen in diesem ZEN-Buch

Als Schriftstellerin und sensible Frau liegt es mir am Herzen, in einer geschäftigen, schnelllebigen Zeit, in der sich jeder Tag wie ein ständiger Rausch und jeder Moment wie ein Wimpernschlag anfühlt, ein besonderes Werk zu schreiben. Ein Buch, um innezuhalten und einen Raum der Ruhe und Stille zu schaffen, um in unserem hektischen Alltag einen Ausgleich zu finden.

Die 36 folgenden Geschichten sind nicht nur Inspiration, sondern auch kleine Ratgeber und Impulse für die eigene Existenz und das persönliche Wachstum. Jede Geschichte ist wie eine Perle, die versucht, dir Weisheit und Wissen zu vermitteln. Sie sollen nicht nur inspirieren, sondern auch dabei helfen, die eigene Mitte zu finden. Jede Geschichte trägt einen Hauch von Spiritualität und Weisheit in sich und öffnet die Tür zu innerem Frieden und Glück.

Zen-Geschichten sind keine strengen Regeln, sondern eine Einladung zum Nachdenken, Reflektieren und Entdecken des eigenen Weges.

Du wundervolle Seele, mögen diese Geschichten dir genauso viel Freude bereiten wie mir beim Schreiben. Mögen sie dich inspirieren, stärken und dich dem Glück und der Zufriedenheit in deinem Leben näherbringen!

In Verbundenheit,
Deine Astrid

Zen und Buddhismus

Das Wort „Zen" ist ein aus dem Buddhismus abgeleiteter Begriff und wird insbesondere mit der Zen-buddhistischen Tradition in Verbindung gebracht. Zen ist eine Schule des Mahayana-Buddhismus, die ihren Ursprung in China hat und sich später nach Japan und in andere Teile der Welt verbreitete. Im Zen-Buddhismus geht es um die direkte Erfahrung der Erleuchtung oder des Erwachens, es wird auch „Erleuchtung" oder „Manifestation" genannt. Zen betont Meditation und bewusste Achtsamkeit als Mittel, um diese spirituelle Erleuchtung zu erreichen. Es betont die direkte Erfahrung jenseits von Konzepten und Worten und versucht, den Geist vom Nachdenken und Analysieren zu befreien und sich stattdessen auf das Hier und Jetzt zu konzentrieren. Das Wort „Zen" selbst kommt vom chinesischen Wort „chan", das vom Sanskrit-Wort „dhyana" abgeleitet ist, was „Meditation" oder „Konzentration" bedeutet. Im Zen-Buddhismus bezieht sich Zen auf die Praxis der Meditation und die Suche nach innerem Erwachen und spiritueller Einsicht durch diese Praxis. Zen ist bekannt für seine Einfachheit und die Betonung der unmittelbaren Erfahrung jenseits von Worten und Konzepten.

Lass uns beginnen

Mit meinen Büchern und Coachings konnte ich in den letzten Jahren unzähligen (hoch-) sensiblen Seelen helfen, ihre Sensibilität als Kraftquelle zu erkennen. Meine Geschichten erschaffen Räume, in denen sensible und feinfühlige Kinder und Erwachsene ihre Sensibilität feiern und ihre innere Kraft entfesseln können. Mit diesem neuen Herzensbuch, „Zen Momente", öffne ich eine Tür zu besonderen Momenten der Stille sowie der Selbsterforschung. Ich lade dich herzlich ein, durch jede Geschichte zu gehen, dabei innezuhalten, um dein Herz zu öffnen, deinen Geist zu klären und deine innere Welt zu erkunden. In all diesen Geschichten und Zen-Momenten findest du keine schnellen Antworten – sondern Raum für Besinnung und die Chance, die tiefergehende Bedeutung deiner einzigartigen Natur zu erkennen. Die Geschichten sollen dir nicht nur eine Auszeit bieten, sondern auch Wege aufzeigen, wie du Achtsamkeit und Entspannung in deinen Alltag integrieren kannst.
Schließe für einen Moment deine Augen und atme bewusst ein und wieder aus. Mach dich bereit, diese Reise anzutreten – nicht um Antworten zu finden, sondern um die Fragen zu umarmen, die in der Stille auf dich warten.

Ich wünsche mir für dich, dass diese Zen-Geschichten nicht nur Quellen der Inspiration und Ruhe sind, sondern dass sie auch eine transformative Kraft entfalten und deinem Leben eine bedeutungsvolle Veränderung schenken mögen.

Astrid

Über die Autorin

Astrid Schneider ist Amazon-Bestseller-Autorin, Ghostwriterin, Coach und Trainerin für hochsensible Kinder, sowie Expertin für
Selbstliebe, Beziehungen und Burnout-Prävention. Mit ihren Impulsen und Strategien unterstützt sie Kinder und Erwachsene in Krisen sowie stürmischen Situationen und zeigt ihnen ihr wahres Potential auf.

Weit über 50 Bücher aus unterschiedlichen Genres stammen aus ihrer Feder. Sie liebt es Menschen mit ihren Worten zu berühren, zu verzaubern oder zu motivieren. Am liebsten schreibt sie Kinderbücher, in denen sie wertvolle Botschaften über Gefühle, Achtsamkeit, Freundschaft, Zusammenhalt und Mut positioniert.

Als Ghostwriterin schreibt Sie Romane oder Biografien für Verlage und Prominente und kreiert stärkende Workbooks in ihrer Kreativschmiede.

Mit ihren Camps und Retreats in Niederösterreich/Gutenstein bietet sie (hoch-) sensiblen und feinfühligen Seelen auf einem Kraftplatz etwas Besonderes.

www.astridschneider.com

Der Weg des Zen

Grundlegende Prinzipien und Lehren des Zen-Buddhismus.

Meister Hirosho lehrte seine Schüler die grundlegenden Prinzipien des Zen-Buddhismus in den ruhigen Mauern des Zen-Tempels. Als die Schüler in lotusähnlichen Positionen verharrten, bereit, die Worte des Meisters zu empfangen, zog der Duft von Weihrauch durch den Meditationsraum.

Meister Hirosho begann mit den Worten: „Der Weg des Zen ist wie ein Fluss, der unaufhörlich fließt und die Landschaft unserer Existenz formt. Um den Weg des Zen zu verstehen, müssen wir uns den grundlegenden Grundsätzen zuwenden, die uns helfen, die Wahrheit über das Leben zu erkennen."

Für einen Moment herrschte Stille in den alten Mauern, bevor er mit der Erzählung über den Zen-Weg fortfuhr: „Vor vielen Jahrhunderten wanderte ein junger Mönch namens Takesha durch die Berge, um spirituelle Erleuchtung zu finden. Er traf einen weisen Meister, der ihn mit den Zen-Lehren vertraut machte."

„Die Erkenntnis der Vergänglichkeit prägt den Weg des Zen", sagte der Meister zu Takesha.
„Alles, was entsteht, vergeht einfach. Durch diese Erkenntnis können wir uns von unnötigem Leid freimachen."
Takesha verstand, dass die Annahme der Vergänglichkeit nicht bedeutet, das Leben zu fürchten, sondern es mit einer tieferen Wertschätzung zu leben. Der Meister sagte, dass der Fluss des Zens uns lehrt, im Moment zu leben, ohne uns an das Vergangene zu klammern oder uns um die Zukunft Sorgen zu machen.
Aufmerksam hörten die Schüler zu, als Meister Hirosho weitersprach und betonte, dass die Leerheit ein weiteres wichtiges Prinzip des Zen ist.
„Die Leerheit von festen Konzepten und Vorstellungen ist nicht die Leere, die bedeutet, dass nichts existiert. Die Leerheit hilft uns, die wahre Natur der Dinge zu erkennen."

Die Geschichte von Takeshi zeigte, wie er durch tiefe Meditation und das Praktizieren des Leerseins zu einem tieferen Verständnis der Realität gelangte.
„Die Leerheit ist der Schlüssel zum Erwachen", betonte Meister Hiroshi.
„Sie befreit den Geist von Illusionen und öffnet das Tor zur direkten Erfahrung."

Meister Hirosho erklärte seinen Schülern, dass Losgelöstheit ein weiteres Prinzip des Zen ist. Leiden entsteht, wenn wir an Dingen festhalten. Der Weg des Zen ermutigt uns, alles loszulassen, einschließlich unserer eigenen Erleuchtungsvorstellungen. Wir empfinden echte Freiheit, wenn wir uns an nichts festhalten. Während die Schüler die Lehren des Meisters annahmen, konzentrierten sie sich auf ihre eigene Praxis. Meister Hirosho betonte, dass der Weg des Zen auch der Weg der Achtsamkeit ist. Achtsamkeit in Gedanken, Reden und Handlungen, denn das Leben existiert nur jetzt.

Die Geschichte von Takesha erreichte ihren Höhepunkt, als er schließlich die Erleuchtung fand. Der Meister erklärte, dass die Erleuchtung nicht weit entfernt oder schwierig zu erreichen sei. Jeder Schritt und jeder Atemzug ist ein Teil des Weges. Der Zen-Weg ist der Weg zur Erleuchtung im täglichen Leben.

Bevor er ging, sagte er: „Der Weg des Zen möge euch zu einem tieferen Verständnis des Lebens führen. Es ist ein Weg, um sich selbst zu entdecken, loszulassen und alles zu lieben, was ist."

Impuls: Der Zen-Fluss fließt in und durch dich, er ist der Lebensweg.

Das Buch des Vertrauens

Eines Tages tauchte das „Buch des Vertrauens" in der ruhigen Bibliothek des Zen-Tempels auf. Lara, eine neugierige Suchende, fand es auf einem Regal und wurde von ihm sofort in den Bann gezogen. Sehr schnell stellte sie fest, dass es mehr als nur vergilbte Papierseiten enthielt. Das Buch erzählte von Menschen, die trotz Widrigkeiten auf ihre innere Stimme vertrauten. Mit großer Neugier las sie weiter und konnte spüren, dass dieses Buch einiges in ihrem Leben verändern würde. Das Buch führte Lara auf eine Reise zu sich selbst. Jede Seite des Buches war wie ein Tor zu einer neuen Dimension des Vertrauens, und Lara ließ sich bereitwillig darauf ein.

Die erste Geschichte drehte sich um einen Künstler, der seinem kreativen Impuls vertraute und Meisterwerke erschuf. Lara fühlte, wie der Glaube in ihr Herz überging. Mit jedem weiteren Kapitel erweiterte sich Laras Verständnis. Sie las von Menschen, die über ihr Urvertrauen in Beziehungen, Karriere und zwischenmenschlichen Beziehungen sprachen. Jede Geschichte ermutigte sie, ihrem eigenen Instinkt zu folgen.

Jeden Tag kehrte Lara zurück in die Bibliothek und widmete sich diesem besonderen Buch.
Eines Tages stieß sie auf eine Geschichte über einen Abenteurer, der sich auf eine Reise machte, um das Unbekannte zu entdecken und zu erforschen. Obwohl er unsicher und besorgt war, glaubte er, dass der Weg sich ihm zeigen würde.
Lara fühlte, wie dieses Kapitel in ihr ein Verlangen nach Abenteuer und Mut weckte und den Wunsch, ihren eigenen Weg zu gehen.
Das Buch wurde zu Laras treuem Verbündeten in stürmischen Zeiten. Sie entdeckte Geschichten von Menschen, die trotz schmerzhafter Erfahrungen wieder Vertrauen fassten.
Dieses besondere Buch hat ihr gezeigt, dass Vertrauen nicht bedeutet, dass das Leben immer einfach ist, sondern dass man stark genug ist, um sich Herausforderungen zu stellen. Lara erkannte, dass Vertrauen eine bewusste Entscheidung ist und nicht nur eine passive Haltung. Die Geschichten im Buch des Vertrauens zeigten, dass es oft der Glaube an das Gute, die eigene Stärke und den Fluss des Lebens ist, der uns durch die turbulenten Gewässer führt.

Als Lena das Buch zu Ende gelesen hatte, fühlte sie sich tief verbunden mit den Weisheiten, die es enthielt. Sie erkannte, dass ihr eigenes Leben eine Geschichte des Vertrauens ist und dass jedes Kapitel, sei es voller Freude oder Herausforderungen, in ihrem inneren Buch des Vertrauens geschrieben ist.

Sie verließ die Bibliothek des Zen-Tempels mit einem gestärkten Vertrauen. Das Buch des Vertrauens fand nicht nur eine Leserin, sondern auch eine Schülerin des Lebens, die bereit war, den nächsten Schritt in Vertrauen zu machen.

Impuls: Vertrauen ist der Schlüssel zu deinem erfüllten Leben.

Die Kraft der Achtsamkeit

Hiroshi war ein ehrwürdiger Zen-Meister. Er lebte in einem abgelegenen Tempel, umgeben von majestätischen Bergen und Wäldern, und seine Lehren über Achtsamkeit waren über die Grenzen des Tempels hinaus bekannt. Sie zogen Menschen aus der ganzen Welt an. Menschen, die auf der Suche nach innerem Frieden und Erleuchtung waren.

Hiroshi, der Zen-Meister, hatte in den letzten Jahren viele Menschen kommen und gehen sehen. Manche gingen mit einer größeren Veränderung im Herzen und andere verließen die Tempelmauer immer noch als Suchende.

Die Lehre der Achtsamkeit blieb wie ein stetiger Fluss, der diejenigen durchdrang, die bereit waren, sich ihm zu öffnen. Hiroshi wusste, dass der Samen des Verständnisses oft Zeit brauchte, um zu keimen. Tief in seinem eigenen Herzen vertraute er darauf, dass das Bewusstsein, welches er gesät hatte, in denen, die gegangen waren, weiterwirken würde. Der besondere Tempel war ein Ort der Ruhe und des Lernens, wo die Kraft der Achtsamkeit den Menschen offenstand, die sich dem Prozess der inneren Transformation hingaben.

So betrat an einem sonnigen Vormittag ein junger Mönch namens Akao den Tempel. Sein Geist glich einem tobenden Sturm – voller Sorgen und Unruhe. Er sehnte sich danach, einen Weg zu finden, mit seinem inneren Selbst in Einklang zu kommen.
Hiroshi war sofort von dem Mönch beeindruckt und lud ihn ein, mit ihm in den heiligen Meditationsgarten zu gehen.
Hiroshi, der Zen-Meister sagte leise: „Akao, beobachte nun einfach das Wasser und lass die Kraft der Achtsamkeit auf dich wirken."

Akao richtete seinen Blick auf den Teich und konzentrierte sich. Zunächst erkannte er nur sein eigenes Spiegelbild. Doch je länger er draufschaute, veränderte sich etwas. Nach einer Weile öffnete sich sein Geist für die subtile Bewegung des Wassers. Jeder Fisch, der sich majestätisch im Teich bewegte, jede Blume, die sich im Wind wog: All das nahm er mit klarem Bewusstsein wahr.
Hiroshi, der freundliche Zen-Meister, lächelte und erklärte: „Der Geist gleicht einem stillen Teich, Akao. Wenn du in Ruhe

und mit voller Aufmerksamkeit verweilst, kannst du die innere Klarheit in dir erkennen. Achtsamkeit fungiert wie der Schlüssel zu einem Raum, in dem Frieden und Harmonie ihren Sitz haben."

Der junge Mönch nickte. Diese neue Erkenntnis fühlte sich gut an, und so vertiefte er in den nächsten Wochen sein Ver-ständnis von Achtsamkeit durch eine intensive Meditationspraxis. Mit bewussten Schritten ging er durch den Garten, ließ seine Augen wandern und berührte bewusst die Blätter. Er lauschte dem Klang der Vögel, als würden sie ihm eine geheime Botschaft übermitteln. Mit jeder weiteren Meditationssitzung wurde auch die Last seiner Sorgen weniger, als würde die Kraft der Achtsamkeit seine Gedanken wie sanfte Wellen beruhigen.

Als Akao schließlich zu Meister Hiroshi zurückkehrte, spiegelten seine Augen die innere Ruhe wider, die mittlerweile in ihm wohnte.

Begeistert berichtete er: „Meister Hiroshi, die Zeit bei dir war unbeschreiblich. Die Kraft der Achtsamkeit hat meine Gedanken geklärt und meinen Geist beruhigt. In der Stille konnte ich die Echos meines inneren Selbst hören."

Hiroshi lächelte und seine Augen glänzten verständnisvoll. „Akao, Achtsamkeit ist wie das Licht der Morgensonne, die die Dunkelheit vertreibt. Möge diese Klarheit immer dein Herz erleuchten und dir auf deinem Weg zu dauerhaftem inneren Frieden verhelfen. Deine Reise in die Tiefen deines Selbst hat gerade erst begonnen."

Impuls: Erkenne in jedem Moment den Wert der Achtsamkeit und bestreite dein Leben voller Harmonie.

Die Kunst des bewussten Seins

In einem kleinen und versteckten Dorf, das von hohen Bergen und riesigen Bäumen umgeben war, lebte ein unscheinbarer Mönch namens Nima. Seine Tage begannen mit den ersten Sonnenstrahlen, wenn die Vögel ihr Lied anstimmten und die Natur langsam erwachte. Nima war bekannt für seine zuvorkommende und ruhige Art. Jeden Morgen begab er sich auf einen stillen Spaziergang durch den dichten Wald, wo die alten Bäume wie Wächter der Zeit wirkten und das Sonnenlicht durch das Blätterdach filterten. Während er sich seinen Weg durch die schmalen Pfade bahnte, verlor er sich in der Schönheit der Natur. Jedes Blatt, jeder Stein schien eine Botschaft zu tragen, und Nima lauschte aufmerksam.

Eines Tages, als Nima entlang des Flussufers wanderte, bemerkte er eine Bewegung im Gebüsch. Ein kleiner Vogel, gerade erst aus seinem Nest gefallen, hüpfte unbeholfen auf dem Boden herum. Sein Herz füllte sich mit Mitgefühl für das hilflose Tier und ohne zu zögern, näherte er sich behutsam.

Vorsichtig hob er den Vogel auf und legte ihn zurück in sein Nest hoch oben in einem Baum. Die Mutter des Vogels, die auf einem Ast in der Nähe saß und Nimas Handlungen beobachtet hatte, sang ein sanftes Lied der Dankbarkeit. Ihr Blick traf den des Mönchs und in diesem Moment schien eine unsichtbare Verbindung zwischen ihnen zu entstehen – eine Verbindung, die jenseits der Worte und Gesten lag, eine Verbindung des Herzens.

Nima setzte seinen Weg fort, erfüllt von einem Gefühl der Erfüllung. Doch plötzlich verdunkelten sich der Himmel und schwere Wolken zogen heran. Ein sanfter Regen begann zu fallen und bald war Nimas Gewand durchnässt.

Doch anstatt sich über das unangenehme Gefühl zu ärgern, öffnete er sein Herz und begrüßte das Geschenk der Natur mit Dankbarkeit. Er spürte die Reinheit des Wassers auf seiner Haut, das leise Prasseln der Tropfen, die den Boden berührten. Er erkannte die Schönheit in der Reinigung, die der Regen brachte, und lächelte in Ehrfurcht vor der Gnade des Moments. Für Nima war jeder Tropfen Regen ein Segen, ein Zeichen der Großzügigkeit der Natur.

Als der Regen nachließ und die Sonne langsam hinter den Bergen versank, fand Nima einen ruhigen Platz unter einem großen und alten Baum. Dort setzte er sich und öffnete sein Herz für die unendliche Dankbarkeit, die er für das Leben empfand.

Er spürte die Tiefe seiner Verbundenheit mit allem, was existierte – von den Sternen am Himmel bis hin zum kleinsten Käfer im Gras.

In diesem Moment der Stille erkannte Nima die wahre Bedeutung von Achtsamkeit und Dankbarkeit.

Sie waren keine bloßen Worte oder Konzepte, sondern lebendige Kräfte, die sein Leben durchdrangen und ihn mit dem Universum verbanden. Durch seine Liebe zur Natur und sein Mitgefühl für alle Lebewesen fand er Frieden in seinem Herzen, der weit über die Grenzen der Zeit und des Raumes hinausreichte.

Nimas Geschichte lehrt uns, dass wahre Erfüllung nicht durch Besitz oder äußeren Erfolg erreicht wird, sondern durch das bewusste Erleben und Wertschätzen der Schönheit und des Wunders des gegenwärtigen Moments. Indem wir uns unserer Umgebung mit Achtsamkeit und Dankbarkeit öffnen, können wir tiefe innere Ruhe und Zufriedenheit finden, die über äußere Umstände hinausgehen.

Impuls: Möge sein Beispiel auch dich inspirieren, das Leben mit offenen Augen und einem dankbaren Herzen zu betrachten, denn in jedem Augenblick liegt die Möglichkeit, das Geschenk des Lebens zu erkennen.

Die Reise zur Selbstakzeptanz

An einem eisigen Wintermorgen machten sich Meister Mitsuaki und der junge Mönch Kenji auf eine Reise zur Selbstakzeptanz. Unter der schimmernden Schneedecke des Tempels schien die Stille der Natur die Botschaft der kommenden Lektion zu flüstern.

Mitsuaki führte Kenji an einen abgelegenen Ort zur Meditation, umgeben von schneebedeckten Bäumen, deren zarte Äste sich wie Spitzen gegen den Himmel abhoben. „Kenji, Selbstakzeptanz ist eine schwierige Reise, aber eine, die die tiefsten Schätze deines Seins entdecken wird", sagte der Meister.

„Bist du dafür bereit?" fragte er weiter.
„Ja Meister, das bin ich", antwortete der Mönch.
Sie nahmen Platz und die klare Kälte des Winters umhüllte sie wie eine unsichtbare Decke.
„Und nun schließe deine Augen, Kenji. Spüre die Präsenz deines Atems", flüstere der Meister.
„Lass deine Selbstkritik los und lass dein Herz sprechen."

Kenji gehorchte und ging in die Tiefen seiner Seele. Die Stimmen der Selbstzweifel, die ihn häufig geplagt hatten, sprachen leise zu ihm. Mitsuaki riet ihm, sie wahrzunehmen, ohne sie zu kritisieren, und sich in den tiefen Strom seines Atems zu vertiefen.
In den kommenden Wochen begab sich Kenji auf eine anspruchsvolle Reise der Selbstreflexion. Er entdeckte die Ursprünge seiner Selbstkritik und bemerkte, wie tief sie in seine Vergangenheit eingedrungen waren. Mit jedem bewussten Atemzug und jeder Meditationssitzung begann er, die Fesseln zu lockern und Platz für Selbstakzeptanz zu schaffen.
Die Nächte wurden länger und der Zen-Tempel wurde mit jeder Nacht mystischer. Kenji erinnerte sich an Meister Mitsuakis Aussage: „Selbstakzeptanz ist wie Tauwetter nach einem harten Winter. Sie beginnt in der Dunkelheit, wo in Stille die Saat der Veränderung gedeiht."
Als Kenji seine Gedanken mit Meister Mitsuaki teilte, erkannte dieser den Glanz einer wachsenden Selbstliebe in den Augen seines Lehrlings.
„Die Reise zur Selbstakzeptanz bedeutet nicht nur, sich selbst zu vergeben, Kenji, sondern auch liebevoll anzunehmen, wer du wirklich bist."

Die Zeit verging, der Schnee schmolz langsam und der Frühling näherte sich. Kenji fühlte, wie sowohl seine äußere als auch seine innere Natur erneuert wurden. Er erkannte nun, dass es keine Perfektion braucht, um als Mensch vollständig und liebenswert zu sein. Die Blume der Selbstakzeptanz entfaltete ihre zarten Blüten.

Kenjis Reise zur Selbstakzeptanz war sowohl ein innerer Heilungsprozess als auch ein Weg zur Selbstermächtigung. In der Ruhe des Zen-Tempels hatte er entdeckt, dass wahre Größe darin besteht, sich selbst vollständig zu akzeptieren, trotz aller Schatten und Lichter, die das eigene Wesen ausmachen.

Impuls: Selbstakzeptanz ist nicht nur Vergebung; es ist die liebevolle Umarmung deiner wahren Natur und die Annahme deines authentischen Selbst.

Die Stille des Waldes

Es war mitten im Herbst, als Meister Kiyoshi den jungen Mönch Ichiro in den tiefen Wald einlud, um die nächste Lektion auf seinem spirituellen Weg zu lernen: „Die Stille des Waldes."
Umgeben von leuchtendem Laub, öffnete der Tempel ein Tor zu einer anderen Welt, in der die Bäume und Blätter die uralte Melodie der Natur spielten. Die beiden wanderten über schmale Pfade, umgeben von majestätischen Baumriesen und einem weichen Teppich aus Laub. Die Geräusche der Natur umhüllten sie: das geheimnisvolle Rascheln der Tiere, das leise Plätschern eines versteckten Baches und der sanfte Wind, der durch die Blätter strich. Als sie an einem ruhigen Ort ankamen, lud Kiyoshi Ichiro ein, sich auf einen

moosbedeckten Felsen zu setzen und sagte: „Schließe deine Augen und nimm die Stille des Waldes in dir auf. Hier, inmitten der Natur, kannst du die allumfassende Harmonie spüren."

Ichiro befolgte den Rat des Meisters und versank in einen Ruhezustand. Zu Beginn konnte er nur das Rauschen des Windes und das Singen der Vögel hören. Trotzdem wurde die lebendige Stille des Waldes immer klarer, je tiefer er horchte. Es war eine Stille, die nicht leer oder abwesend war, sondern von dem Leben selbst erfüllt.

„Sehr gut Ichiro. Die Stille des Waldes ist nicht leer. Sie verbindet uns mit den tiefsten Wurzeln des Lebens. Hier wird die tatsächliche Natur der Existenz offenbart."

Ichiros Erfahrung mit der Stille wurde in den nächsten Wochen intensiver. Er verweilte in der Stille von Lichtungen, prak-tizierte Meditation unter alten Bäumen und lauschte den Geschichten, die der Wald zu erzählen hatte. Die Stille wurde zu einem Lehrer, der ihm zeigte, dass eine zeitlose Weisheit in der Stille verborgen liegt.

Als Ichiro Meister Kiyoshi seine Gedanken mitteilte, nickte dieser zufrieden und sagte: „Ichiro, die Stille des Waldes ähnelt einem alten Buch. Wer sie lesen kann, versteht die Geschichten der Natur. Möge die Ruhe dein Herz öffnen und dich mit der alten Weisheit des Waldes verbinden."

So fand Ichiro in der Stille des Waldes nicht nur einen Rückzugsort, sondern auch ein Tor zu innerer Erkenntnis und universeller Harmonie.

Impuls: Finde auch du Ruhe - da liegt die Quelle der Weisheit und die Verbindung mit der Essenz des Lebens.

Die Magie des Atems

In den stillen Hallen des Zen-Tempels, wo spirituelle Lehren die Wände schmückten und der Duft von Räucherstäbchen in der Luft hing, tauchte der junge Mönch Akia unter der Führung von Meister Masahiro in die nächste Lektion seines spirituellen Weges.

„Die Magie des Atmens" - diese Lektion sollte nicht nur den körperlichen Atem erklären, sondern auch den unsichtbaren Fluss erklären, der uns in die Essenz des Seins führt. Masahiro, der Meister der subtilen Weisheit, führte Akia in einen Raum, der von tiefem Frieden erfüllt war. Gemeinsam nahmen sie dort eine meditative Haltung ein.

„Richte deine Aufmerksamkeit auf deinen Atem, Akia", sagte Masahiro sanft und fügte noch hinzu: „Er verbindet den Körper mit dem Geist. Das Sichtbare mit dem Unsichtbaren."

Akia konzentrierte sich auf seinen Atem. Er spürte die kühle Luft in seine Nasenlöcher strömen, wie sie den Körper durchflutete, und bei jedem Ausatmen die Wärme. Während er tiefer in die Welt seines Atems eintauchte, öffnete sich ein innerer Raum, in dem ein Gefühl der Präsenz erwachte und seine Gedanken zur Ruhe kamen.

„Der Atem ist wie eine magische Melodie, die uns mit dem Universum verbindet. Er ist der unsichtbare Tanz des Lebens, das Ein- und Ausgehen. Jeder Atemzug verkörpert die Unendlichkeit."

In den folgenden Wochen vertiefte sich Akias Verbindung zum Atem. Bei Sonnenaufgang und Sonnenuntergang übte er die Atemübungen und lauschte dem Rhythmus seines Atems im sanften Wind. Indem er sich bewusst mit jedem Atemzug verband, fand er Frieden. Der Atem wurde zu einem Begleiter, der ihn in die Stille des Moments führte.

Akias Augen glänzten voller Zuversicht, als er seine Erfahrungen mit Meister Masahiro teilte: „Der Atem ist wirklich magisch, Meister. Er gibt mir Zugang zu einer inneren Welt, die ich noch nie zuvor erlebt habe."

Masahiro freute sich sehr über seine Erfahrung und gab ihm eine letzte Weisheit mit auf seinen Weg.

„Akia, möge die Magie des Atems deine Reise erleuchten und dich durch den tiefen Ozean deiner eigenen Existenz führen. Der Atem ist der Schlüssel, um die ewige Verbindung zwischen dir und dem Universum zu erkennen."

Glücklich erkannte Akio die Magie des Atems als einen Weg, um sich selbst und die Welt in ihrer tieferen Schönheit zu erfahren. Jeder Atemzug wurde zu einem wertvollen Geschenk, das ihn mit der unendlichen Kraft des Lebens verbunden hatte.

Impuls: Der Atem stellt eine Verbindung zu deinem eigenen Wesenskern dar. Wenn du bewusst atmest, verbindest du dich mit dem Wesen des Lebens.

Die Lichtpfade der Gelassenheit

Meister Naoki und Mönch Akia setzten ihren spirituellen Weg auf den strahlenden Lichtpfaden der Gelassenheit fort. In der klaren Luft herrschte eine Aura von Ruhe und Reinheit, während die Winterwinde den Gipfel in eine glänzende Schneelandschaft verwandelt hatten.

Naoki lud Akia ein, mit ihm auf den Gipfel zu steigen, um den Sonnenuntergang in seiner außergewöhnlichen Farbenpracht zu erleben. Er erklärte ihm, dass Gelassenheit dem sanften Licht der Abenddämmerung ähnelt und sich durch die Akzeptanz dessen, was gerade ist, sowie das Vertrauen in den Lauf des Lebens zeigt.

Als die beiden sich auf einen kalten Fels setzten, schien die Welt still zu stehen. Nach einer Weile begann Naoki zu sprechen: „Akia, schließe nun deine Augen und spüre die Kraft des Moments. Es braucht nicht viel Anstrengung, um Gelassenheit zu erreichen, sondern nur das Zulassen."

Akia folgte Naokis Einladung und schloss die Augen, während er seine Gedanken in die Dunkelheit wandern ließ. Der Atem des Berges mischte sich mit seinem eigenen, und allmählich spürte er eine tiefe Ruhe in sich. Naoki ermutigte ihn, seine Gedanken wie vorbeiziehende Wolken zu betrachten, ohne von ihnen beeinflusst zu werden. Auch das versuchte er umzusetzen.

Akias Verständnis für die Lichtpfade der Gelassenheit erweiterte sich in den folgenden Wochen. Er übte die Kunst des Loslassens, wanderte durch schneebedeckte Pfade und beobachtete den fernen Sternenhimmel mit Gelassenheit. Jeder Moment wurde zu einem Lehrer, der ihn daran erinnerte, dass die wahre Freiheit darin besteht, den Lebens-fluss zu akzeptieren.

Nach weiteren Wochen berichtete Akia Meister Naoki über seine Erlebnisse. Der Meister lächelte wissend. „Das freut mich zu hören. Vergiss nie, die Lichtpfade der Gelassenheit sind wie unsichtbare Brücken, die dich durch die Schluchten des Zweifels führen. Möge dein Herz leicht und dein Geist ruhig sein, während du auf diesem Weg wanderst."

Der Frühling näherte sich, und die Berge blühten in verschiedenen Farben auf. Akia erkannte, dass die Lichtpfade der Gelassenheit in jedem Moment des Lebens zu finden waren und nicht nur auf den Gipfeln des Lebens. Die Entspannung, die er auf dem Gipfel des Berges erfahren hatte, begleitete ihn nun auch in seinem täglichen Leben.

Impuls: Folge nicht nur einer Wanderung auf den Berggipfel, sondern auch den Lichtpfaden der Gelassenheit in die Tiefen deiner Gedanken. Suche nach dem Ort der wahren Freiheit, an dem sich dein Herz inmitten all der Herausforderungen des Lebens beruhigt.

Der Tanz der Blätter

In einem abgelegenen Teil des Zen-Tempels erzählte Meister Haruto seinen Schülern eine einzigartige Geschichte über den Tanz der Blätter.
Der Herbst zog über den Tempel und die Bäume begannen, ihre Blätter in ein Farbenspiel zu verwandeln. Meister Haruto sagte zu seiner Schülerin Yuka, dass der Tanz der Blätter eine Lehre des Loslassens sei. Die Bäume lassen ihre Blätter in einem sanften Tanz zu Boden gleiten, weil sie wissen, dass der Herbst ihre Zeit des Wandels ist.
Yuka war eine aufmerksame Schülerin. Sie setzte sich neben den Meister und ließ seine Worte in ihrem Herzen Raum einnehmen.

„Warum fallen die Blätter, Meister Haruto? Und warum sollen wir das Loslassen lernen?"

Meister Haruto schenkte ihr ein sanftes Lächeln.
„Blätter tanzen, um uns die Schönheit des natürlichen Wandels zu zeigen. Sie finden ihre wahre Schönheit im Loslassen und bereichern die Erde mit ihrem Verwelken. Es ist wichtig, das Loslassen zu begreifen, um den ständigen Kreislauf des Lebens zu verstehen."

Er begann die Geschichte vom Tanz der Blätter zu erzählen: „Ein alter Baum namens Shito lebte vor langer Zeit, als der Tempel noch sehr jung war. Von Frühlingsgrün bis Herbstrot hatte Shito viele Blätter. Shito spürte jedoch, dass es an der Zeit war, sich zu verändern. Eines Morgens, als die Sonne golden über dem Tempelhügel aufging, begann der Tanz der Blätter. Jedes Blatt fiel langsam zu Boden. Shito beobachtete den Tanz mit Demut und Dankbarkeit."

Neugierig und mit großen Augen hörte Yuka zu. Meister Haruto fuhr fort und erklärte ihr, dass die Blätter nicht fallen, weil sie schwach sind, sondern weil sie die Kunst des Wandels verstehen. Sie geben der Erde Nahrung und ebnen den Weg für neues Leben im nächsten Frühling.

Yuka fühlte die Weisheit der Natur in sich aufsteigen, als sie auf die herabfallenden Blätter schaute. Sie wandte sich an ihren Meister und fragte: „Aber Meister Haruto, erkläre mir noch, warum es vielen Menschen so schwerfällt, loszulassen?"

Meister Haruto erklärte, dass Menschen häufig an der Vergangenheit festhalten und sich vor der Ungewissheit der Veränderung fürchten. Trotzdem können wir aus dem Tanz der Blätter lernen, dass Loslassen nicht Verlust bedeutet, sondern Raum für neues Wachstum schafft.
In den nächsten Wochen vertiefte Yuka ihre Meditation und betrachtete den Tanz der Blätter als tägliche Übung im Loslassen. Sie erkannte, dass es auch in ihrem eigenen Leben Zeiten gab, in denen sie sich ändern und loslassen durfte.
Yuka setzte sich eines Tages unter einen alten Baum und hörte den Wind durch die Blätter wehen. Sie lächelte, denn nun verstand sie den Tanz der Blätter auf einer höheren Ebene.

Glücklich teilte sie Meister Haruto ihre Gedanken mit und er lächelte zufrieden.
„Der Tanz der Blätter zeigt, dass das Loslassen nicht traurig, sondern eine Freude am Leben ist. Yuka, ich wünsche dir, dass dein Herz im Einklang mit dem natürlichen Wandel tanzt."

Der Herbst verabschiedete sich, und der Winter legte einen ruhigen Schleier über den Tempel. Yuka fand jedoch im Tanz der Blätter nicht nur eine Lehre übers Loslassen, sondern auch Freude an der Schönheit des natürlichen Wandels.

Impuls: Beobachte den Tanz der Blätter und erkenne die Schönheit des Loslassens in jedem Moment. Lass dein Herz im Einklang mit dem natürlichen Wandel tanzen.

Die Weisheit des stillen Wassers

In einem abgelegenen Dorf, umgeben von tiefen Wäldern und sanften Hügeln, lebte der weise Zen-Meister Takumo. Seine Anwesenheit war besonders und wirkte wie ein Magnet auf andere Menschen, die spirituelle Führung und Seelenfrieden suchten.

Eines Abends klopfte ein junger Mann namens Kenito an seine Tür. Das Gesicht des Mannes spiegelte Hektik und Unruhe wider. Meister Takumo spürte sofort, dass ihn etwas plagte.

„Meister Takumo, kannst du mir bitte helfen? Mein Leben ist wie ein Fluss, ständig in Bewegung, niemals still.

Was ich auch tue, ich kann in mir selbst keinen Frieden finden", gestand Kenito dem Meister.

Ein sanftes Lächeln erschien auf dem Gesicht des Meisters und er lud Kenito ein, mit ihm an den naheliegenden See zu gehen.
Als sie am Rand des klaren Sees ankamen, spiegelte das Wasser des Sees den Himmel. Er war so ruhig um sie herum, dass es schien, als würde sich die Natur selbst in einem tiefen meditativen Zustand befinden. Takumo zeigte auf die spiegelglatte Wasseroberfläche und sagte dann leise:
„Schau genau hin Kenito, siehst du, wie klar das Wasser ist? Es zeigt sich erst, wenn die Wogen der Unruhe zur Ruhe kommen."
Der junge Mann starrte nervös auf den stillen See und dann wieder zum Zen-Meister. So recht verstand er nicht, was der Meister ihm sagen wollte.
„Aber wie kann ich meine Gedanken beruhigen, Meister?" fragte er überfordert nach.

„Stell dir vor, dein Geist ist wie dieser See. Wenn du in dir selbst Stille findest, lassen die Wellen der Sorgen und Gedanken nach", antwortete Takumo wissend.

Die nächsten Wochen verbrachte Kenito am ruhigen See. Er versuchte, täglich viele Stunden am See zu sitzen und zu meditieren. Er lauschte den Liedern der Natur, ließ sich von der sanften Bewegung des Wassers inspirieren und öffnete sein Herz für die Lehren des Zen. In dieser Zeit entdeckte er nicht nur eine ruhige Klarheit des Geistes, sondern auch tiefe Einblicke in das Leben und seinen eigenen Weg.

Als Kenito schließlich zu Meister Takumo zurückkehrte, strahlten seine Augen eine innere Ruhe aus, die zuvor unerreichbar schien.

„Meister Takumo, deine Weisheit hat mir geholfen. Endlich konnte ich Frieden in meinem Herzen finden", sagte er.
Meister Takumo lächelte und sagte: „Die Weisheit des stillen Wassers lehrt uns, dass wahre Klarheit und Kraft in der Stille des Geistes liegen. Möge dieses Wissen wie eine Brise durch dein Leben wehen und dir immer den Weg zur inneren Harmonie zeigen."
Dankbar verabschiedete sich Kenito.

„Lass die inspirierende Ruhe des Sees stets dein Kompass sein und möge dein weiteres Leben von innerem Frieden und tiefer Weisheit begleitet sein", waren die letzten Worte des Zen-Meisters. Zufrieden sah er dem jungen Mann hinterher und spürte eine tiefe Gewissheit, dass seine Worte gehört worden waren.

Impuls: Die Geschichte des Lebens ist wie die sanften Wellen des Wassers. In jeder ihrer Bewegung steckt nicht nur Weisheit, sondern auch ein wertvoller Impuls für unser eigenes Wachstum.

Das Labyrinth der Achtsamkeit

Auf dem Gelände des Zen-Tempels befand sich ein geheim-nisvolles Labyrinth. Im Sommer leuchtete der Tempel voller Leben und die Blütenpracht zeigte, dass Mensch und Natur harmonisch miteinander verbunden waren. An einem sonnigen Tag lud Meister Hideaki den Mönch Jona ein, das Labyrinth der Achtsamkeit zu erkunden. Gemeinsam gingen sie zum Eingang des Labyrinths, dessen kunstvolles Muster den Weg zu einem verborgenen inneren Zentrum wies. Die warme Sommerbrise begleitete ihre Schritte, als sie das Labyrinth betraten.
„Das Labyrinth der Achtsamkeit ist eine Reise durch verschiedene Aspekte deines Lebens, Jona.

Jeder Schritt steht für eine Entscheidung, eine Erfahrung und eine Perle der Achtsamkeit."
Der Mönch hörte aufmerksam weiter zu. „Schließe deine Augen und spüre die Erde unter deinen Füßen. Das Labyrinth lehrt uns, dass jeder Schritt im Leben Bedeutung hat, wenn wir ihn bewusst gehen", sagte Meister Hideaki.
Jona tat, was ihm gesagt wurde und tauchte in die Meditation des Gehens ein. Durch enge Kurven, weite Bögen und verschlungene Pfade führte ihn das Labyrinth. Hideaki riet dem Mönch, jede Entscheidung, die er im Labyrinth traf, als Spiegel seiner Lebensreise zu betrachten.

In den folgenden Wochen verbesserte Jona seine Achtsamkeitstechniken. Jeder Gang durch das Labyrinth führte ihn zu den Tiefen seiner eigenen Existenz. Er erkannte, dass Achtsamkeit in jedem Moment des Lebens existiert - nicht nur beim Meditieren.

Meister Hideaki war sehr zufrieden, als Jona von seinen Erfahrungen erzählte. Zum Abschluss gab er ihm noch einen Ratschlag mit: „Jona, das Labyrinth der Achtsamkeit zeigt die Wunder des heutigen Augenblicks. Während du das Labyrinth durchquerst, sollst du dich daran erinnern, dass jeder Schritt ein Geschenk ist."
Das Labyrinth lag im Sonnenlicht und der Sommer neigte sich seinem Höhepunkt zu. Jonathan fühlte, wie die Achtsamkeit Teil seines täglichen Lebens wurde.

Impuls: Lass jeden Moment zu einem Weg der Erkenntnis werden, und erkenne im Labyrinth der Achtsamkeit, dass die wahre Freiheit in der bewussten Annahme dessen liegt, was gerade ist.

Der Weg des Kriegers

Meister Kazuki lebte in einem abgelegenen Tempel auf dem Gipfel eines erhabenen Berges. Es schien, als schwebte hier die Weisheit der Jahrhunderte in der klaren Bergluft. Nur vom sanften Flüstern des Windes wurde die Stille durchbrochen.

Jedes Jahr öffnete er die Tore für Suchende, junge Menschen, die nach spiritueller Führung und innerer Erleuchtung strebten. Sie kamen aus fernen Ländern und entlegenen Dörfern, um von der Weisheit des Meisters zu lernen und die Geheimnisse des Zen zu erkunden.

Meister Kazuki lehrte sie den Weg des Kriegers in einem Raum, der von einem sanften Licht erhellt und vom betörenden Duft von Weihrauch erfüllt wurde.

Hierzu erzählte er die Geschichte von Akir, einem Krieger, der die Pfade des Kriegerdaseins wandelte und die hohe Kunst der Gelassenheit meisterte.

Gespannt saßen die Schüler da und warteten, bis Meister Kazuki mit seiner Erzählung begann. „Der Weg des Kriegers ist eine Reise durch Mut, Disziplin und inneren Frieden. Die Geschichte von Akir wird euch zeigen, wie ihr mit Gelassenheit durch die Herausforderungen des Lebens gehen könnt."
Kurz dachte er nach, dann fuhr er fort. „Akir war ein junger Krieger, der von der Sehnsucht nach Ruhm und Anerkennung getrieben wurde. Obwohl sein Schwert scharf war, war sein Geist immer noch unruhig. Als er eines Tages gegen einen starken Gegner kämpfte, vergaß er die Kunst der Gelassenheit in seinem Eifer nach Sieg und Anerkennung. Akirs Unruhe wurde vom erfahrenen Krieger des Gegners ausgenutzt, der ihn aus dem Gleichgewicht brachte. Er verlor diesen Kampf. Enttäuscht nach dieser Niederlage bat er einen Zen-Meister um Rat, wie er mit Gelassenheit kämpfen kann, dass sein Geist in der Hitze des Kampfes ruhig bleibt? Der Zen-Meister war gerührt von Akirs Bereitschaft zur Veränderung und seiner reflektierten Herangehensweise. Mit einem Lächeln antwortete er ihm: Der Weg des Kriegers ist nicht nur physischer Kampf, sondern auch innerer Frieden. Die Kunst besteht darin, mit Mut zu kämpfen und gleichzeitig gelassen zu bleiben."

Meister Kazuki beendete die Geschichte und sagte: „Die Geschichte von Akir lehrt uns, dass wahre Stärke im Gleichgewicht von Mut und Gelassenheit liegt. Der Krieger findet seine wahre Kraft, wenn er ruhig ist."
Dankbar kehrte Akir zurück in den Kampf. Doch nun war er nicht mehr getrieben von der Gier nach Reichtum, sondern von der Absicht, mit Gelassenheit seinen Weg zu gehen. Sein Geist blieb ruhig und fokussiert, während sein Schwert durch die Luft schnitt.
Am Ende wurde Akir als Sieger gefeiert. Zu seinen Gegnern sagte er: „Der Weg des Kriegers ist ein Tanz zwischen Kraft und Sanftheit. Gelassenheit ist die wahre Meisterschaft und Meisterschaft ist Frieden."

So endete die Geschichte von Akir. Stille kehrte in die Mauern ein und die Schüler verließen nach einer Weile den Meditationsraum, erfüllt von der Lektion zum Kriegerweg.

Impuls: Die größten Schlachten werden oft in unserem Inneren geschlagen. Mit Mut und Gelassenheit kannst du jede Herausforderung meistern. Möge dein Herz stark und dein Geist gelassen sein, wenn du deine eigenen Schlachten kämpfst. Denn im Weg des Kriegers findest du die wahre Größe deiner Seele.

Die Weisheit der Vögel

In einem mystischen Zen-Garten, umgeben von üppigem Grün und kunstvoll geschnittenen Bäumen, deren schattigen Zweige sich wie eine schützende Hand über die Pfade ausbreiteten - an diesem idyllischen Platz lehrte Meister Tadashi seine heutigen Schüler. Das angenehme Plätschern eines nahegelegenen Baches mischte sich mit dem Zwitschern der Vögel. Die Sonne ging langsam unter und tauchte den Himmel in warme Farben, während die Schüler sich um Meister Tadashi drängten. Gespannt lauschten sie der heutigen Lektion. Sie waren bereit, die Geschichte von Meya zu hören – einer Frau, die die Lehren über Freiheit und Leichtigkeit von den Vögeln selbst erfahren hatte.

Als es in der Runde still wurde, begann Meister Tadashi mit seiner Erzählung. „Die Vögel lehren uns, wie man im Einklang mit den Winden der Veränderung fliegt. Meine heutige Geschichte von Meya wird euch die Grundlagen der Freiheit, Leichtigkeit und des Loslassens von Sorgen vermitteln."

Mit leiser Stimme erzählte er von der jungen Frau, die einen Zen-Meister besuchte, weil sie alleine nicht mehr weiterwusste. Sie war traurig, einsam und wurde von den Lasten des Lebens erdrückt. Ihre Gedanken waren wie gefangene Vögel, die von Ängsten und Sorgen geplagt waren und nicht fliegen konnten.

Meya setzte sich eines Tages in den großen Garten des Zen-Tempels und beobachtete die Vögel. Mühelos schwebten sie durch den Himmel. Mit trauriger Miene sah sie den Meister an. „Warum sind die Vögel so frei, während ich mich in meinen Sorgen verliere?" fragte sie ihn.

Mit einem sanften Lächeln antwortete er: „Die Vögel sind frei, weil sie im gegenwärtigen Moment leben. Sie tragen keine Verantwortung für die Vergangenheit oder für die Zukunft. Dies ist ihre tatsächliche Freiheit, liebe Meya."

Meya nickte und dachte einen Moment über seine Worte nach. Die Unbeschwertheit der Vögel zu erreichen, erforderte eine tiefe innere Transformation, die nicht leicht zu erreichen war, so verlockend es auch für sie klang.

Doch Meya wünsche sich Leichtigkeit so sehr. Inspiriert von den Vögeln, begann sie, ihre Sorgen loszulassen.

Über viele Wochen übte sie jeden Tag das Loslassen im Garten, ähnlich wie Vögel, die frei durch den Himmel schweben. Mit jedem Tag wurden ihre Gedanken leichter und sie fühlte sich freier.

Eines Abends ging sie wieder zum Zen-Meister und lächelte. „Ich habe es verstanden und kann es jetzt fühlen. Ich danke dir, Meister. Das Loslassen von Ballast ist die wahre Freiheit. Wenn wir uns von unseren Sorgen befreien, können wir ebenso leicht durch das Leben fliegen wie Vögel im Himmel."

Ruhe kehrte ein, als Meister Tadashi die Geschichte beendete. Die Schüler sahen sich fragend an, sie wussten, dass es ihnen wie Meya gehen könnte. Auch sie waren von der Weisheit der Vögel inspiriert.
Der Zen-Meister verabschiedete seine Schüler mit den Worten: „Die Geschichte von Meya hat uns gezeigt, dass die Weisheit der Vögel im Loslassen liegt. Indem wir unsere Ängste und Sorgen loslassen, öffnen wir unsere Flügel für die Freiheit."
Die Schüler verließen den Platz in der Natur. Sie spürten, dass es Zeit wurde, die Lehren des Zen-Meisters in ihr tägliches Leben zu integrieren. Sie waren fest entschlossen, das vergangene loszulassen und jeden Moment mit offenen Armen zu begrüßen.

Impuls: Möge dein Herz fliegen und die Melodie der Leichtigkeit in deinem Leben singen, denn in der Weisheit der Vögel findest du die Kunst des wahren Lebens.

Die Spiegelung des Mondes

Es war tiefe Nacht und der Zen-Tempel badete im silbernen Licht des Mondes. Meister Taiki versammelte seine Schüler um sich herum, um ihnen eine tiefgründige Geschichte über die Spiegelung des Mondes zu erzählen.

Der klare Teich des Tempelgartens spiegelte die majestätische Schönheit des Vollmondes wider und Meister Taiki forderte seine Schüler auf, in den Teich zu schauen.
„Die Spiegelung des Mondes ist nicht bloß auf dem Wasser zu sehen. Sie dient als Symbol für die Suche nach innerer Klarheit und Selbstreflexion", sagte er.

Die Schüler beugten sich über den Teich, während sie den silbrigen Schatten des Mondlichts auf dem Wasser beobachteten. Eine neugierige Schülerin fragte den Meister, was die Spiegelung des Mondes bedeutete und dieser erklärte es allen gerne.
„So wie der Mond im Wasser, lehrt uns die Spiegelung des Mondes, dass unser wahres Selbst oft von Illusionen verschleiert ist. Die Sicht auf unser innerstes Wesen wird durch unsere Gedanken, Emotionen und äußeren Einflüsse beeinträchtigt."
Der Zen-Meister machte eine lange Pause und dachte nach. Dann wurden seine Gesichtszüge weich und er fügte hinzu: „Ich kann euch eine passende Geschichte von der Spiegelung des Mondes erzählen."
Die Schüler nickten alle interessiert und kamen noch näher zusammen. „Ein weiser Mönch namens Kenzo lebte vor langer Zeit im Tempel. Als er die Spiegelung des Mondes im Teich unter dem klaren Nachthimmel sah, grübelte er eine Weile, bis er erkannte, dass es der Himmel war, und nicht das Wasser, in welchem die wahre Schönheit des Mondes lag. Kenzo wurde neugierig und begann entschlossen eine Reise zur Selbsterkenntnis. Unter dem Mondschein meditierte er über seine Gedanken und Emotionen und suchte nach Klarheit seines wahren Selbst. Jede Nacht erweiterte er seine Vorstellung davon, dass die Spiegelung des Mondes nur ein Abbild war und nicht die wahre Essenz. Auf seiner Suche wanderte er durch tiefe Wälder, bestieg hohe Berge und durchquerte klare Flüsse. Er stand vor Hindernissen, die seine Geduld prüften, und er erlebte Momente der Aufklärung, die seinen Weg ebneten. Nach vielen Wochen erkannte Kenzo, dass die Suche nach innerer Klarheit lebenslang andauern würde.

Es wurde Zeit, seine Reise zu beenden und so machte sich Kenzo in einer klaren Nacht auf den Rückweg zu seinem Tempel, wo er von seinen Schülern schon ungeduldig erwartet wurde.

Glücklich über seine Rückkehr, bemerkten sie sofort, dass sein Gesicht von einem sanften Glanz erleuchtet war. Neugierig fragten sie ihn nach den Erkenntnissen und Kenzo erklärte, dass er nun die Spiegelung des Mondes in ihrer tatsächlichen Bedeutung verstanden habe. Die Spiegelung des Mondes würde nur unser Ego und das falsche Bild, das wir von uns selbst in der Welt sehen, wiedergeben. Die wahre Schönheit befindet sich tief in unserem Innersten, jenseits der Illusionen."

So endete die Geschichte des Mönches Kenzo über die Spiegelung des Mondes. Auch wenn die Lektion für diesen Tag beendet war, waren die Schüler immer noch in ihren Gedanken versunken. Meister Taiki sah einem nach dem anderen tief in die Augen und hauchte: „Die Spiegelung des Mondes wird euch von nun an immer daran erinnern, dass die Suche nach innerer Klarheit ein kontinuierlicher Prozess ist. Lasst den Mond euch führen, er kann euch helfen, euer wahres Selbst zu erkennen."

So war es - in den folgenden Jahren vertieften sich die Schüler in ihre eigene Suche nach innerer Klarheit. Der Teich wurde zum stillen Zeugen ihrer Bemühungen, die Spiegelung des Mondes zu erkennen und die wahre Essenz ihres Selbst zu entdecken.

Impuls: Lass auch du dich vom sanften Licht des Mondes inspirieren, deinen inneren Kompass zu finden.

Die Reise des Lächelns

An einem verregneten Vormittag waren Pilgernde und Menschen aus allen Lebensbereichen in dem Zen-Tempel angekommen. Mit großem Interesse hörten sie den Erzählungen von Meister Yuta und der einzigartigen Reise – der Reise des Lächelns zu.

Die Mauern des Tempels schienen das sanfte Licht der Kerzen widerzuspiegeln, während die Menschen Meister Yuta mit einer Mischung aus Bewunderung, Neugierde und Ehrfurcht ansahen.

„Die Reise des Lächelns beginnt in uns selbst. Es ist die Erkenntnis, dass ein Lächeln auch in schwierigen Zeiten Licht in die Dunkelheit bringt.

Meine heutige Geschichte von Aika wird euch die Wahrheit dieser Reise zeigen", so begann er und die Anwesenden schlossen die Augen, um tief in die Geschichte einzutauchen.
„Aika war eine junge Frau, die durch schwierige Zeiten gehen musste. Ihr Gesicht war von Krankheit, Verlust und den Schwierigkeiten des Lebens geprägt. Um Trost zu finden, besuchte sie eines Tages den Meister Kori im Zen-Tempel. Meister Kori begrüßte Aika mit einem freundlichen Lächeln. Er sagte ihr, dass die Reise des Lächelns in ihrem eigenen Herzen beginne und ermutigte sie dazu, gemeinsam herauszufinden, wie ein simples Lächeln das Leid in ihrem Leben lindern kann."
Zuerst war Aika skeptisch, doch dann ging sie auf diese Reise, gemeinsam mit ihm. Meister Kori lud sie ein, sich selbst ein Lächeln zu schenken und dabei in den Spiegel zu schauen. Obwohl Aika sich zunächst unsicher fühlte, tat sie, was ihr gesagt wurde. Schon nach kurzer Zeit begann sie die Veränderung in ihrem Inneren zu spüren.

Als sie an einem Nachmittag im Zen-Garten unter einem Baum saßen, erklärte ihr Meister Kori, dass ein Lächeln ähnlich wie ein Samen sei. „Wenn du es pflegst, wird es wachsen und die Dunkelheit vertreiben. Die Reise des Lächelns ist eine innere Reise, die äußere Veränderungen hervorrufen kann."
Aika dankte ihm für seine Hilfe und übte jeden Tag das Lächeln. Sie lächelte der Sonne, den Blumen im Tempelgarten und sogar den schweren Wolken im Himmel zu.
Es hatte sich etwas in ihr verändert. Ihr Herz fühlte sich leichter an und auch die Last ihrer Vergangenheit schien zu schwinden.

Als Aika beschloss, ihr Lächeln mit anderen zu teilen, zeigte sich die wahre Kraft des Lächelns. Sie besuchte die Kranken im Tempel, lächelte den Trauernden auf der Straße zu und wurde in der Dunkelheit anderer Menschen zu einem Lichtpunkt.

So veränderte sich alles in Aikas Leben.
Es wurde still im Raum, als Meister Yuta seine Geschichte beendete.
„Die Reise des Lächelns zeigt uns, dass unsere innere Haltung die äußere Welt beeinflussen kann. Nicht nur unser eigenes Leid kann mit einem Lächeln gelindert werden, sondern auch das Leiden anderer Menschen," sagte er zum Abschluss und die Anwesenden nickten inspiriert von der Geschichte.
Noch viele Tage später redeten alle über Aikas Geschichte, die ihnen gezeigt hatte, wie ein einfaches Lächeln eine Kette der Freundlichkeit hervorbringen kann. Aber auch, dass die Reise des Lächelns uns zu einem tieferen Verständnis von Mitgefühl und Liebe führt. Es ist eine Übung, die uns beibringt, dass ein Lächeln auch in schwierigen Situationen die Dunkelheit vertreiben kann.
Einige Pilger waren bereits abgereist, manche waren noch anwesend, um weitere Lektionen zu lernen. Doch allesamt versuchten nach dieser Geschichte das Lächeln in ihr eigenes Leben zu integrieren.

Impuls: Lass dein Lächeln für die Welt eine Quelle des Trostes und der Freude sein. Ein Lächeln hat eine transformative Kraft, weil es so einfach und authentisch ist.

Der Zauber der Träume

Meister Ashita führte seine junge Schülerin auf einen majestätischen Gipfel, hoch nach oben, wo die Bergspitzen den Himmel zu berühren schienen und die Luft von reiner Energie der Natur erfüllt war. Nachdem sie es sich gemütlich gemacht hatten, erzählte er die Geschichte von Yula – einer Frau, die die geheimnisvolle Führung der Träume erlebte. Der Himmel erstreckte sich über ihnen in einem endlosen blauen Bogen, während die Luft von einem sanften Hauch von Wildblumen und Kiefern erfüllt war. Meister Ashita begann mit den Worten: „Die Welt der Träume ist wie ein verborgener Garten der Seele. Die Geschichte von Yula wird dich lehren, wie Träume dich leiten und inspirieren können.

Yula lebte in den Bergen eines Zen-Tempels. Sie war eine junge, lebhafte Schülerin und eines Nachts träumte sie von einem mystischen Wald und einem weißen Raben, der sie besuchte. Am nächsten Tag fragte Yula neugierig den Zen-Meister nach der Bedeutung ihres Traums und erhielt folgende Antwort: Träume sind Botschafter des Unterbewusstseins, die uns auf tiefere Weisheiten hinweisen, sagte der Meister mit einem Lächeln. Dann dachte er nach und fügte hinzu: Der weiße Rabe ist ein Symbol für Weisheit und Führung.

Sie dankte ihm für die Erklärungen und begann, ihre Träume zu priorisieren. Sie entdeckte in ihnen Symbole und Erzählungen, die ihr Leben auf eine tiefere Ebene lenkten. Sie wurde von ihren Träumen motiviert, kreativer zu werden und eine tiefere Verbindung zur Natur aufzubauen.

Einige Wochen waren vergangen, als Yula dem Zen-Meister erklärte, dass der Zauber der Träume sie gelehrt hat, die Nachtzeit sei eine Zeit der Weisheit und Inspiration. Hier fände sie die Antworten auf Fragen, die ihr waches Bewusstsein vielleicht nicht sehen kann, aber in den Träumen schon. Yulas Erkenntnisse berührten den Meister Ashita und er lächelte, als er sie ihre innere Weisheit entdecken und auf dem Weg der Selbstfindung voranbringen sah.

Eine lange Pause folgte und Meister Ashita sah seine junge Schülerin an. Mit wachem Geist hatte diese neugierig zugehört."

„Das war eine schöne Geschichte", sagte sie dankbar, während der Wind sanft durch die Wipfel der umliegenden Bäume strich.

„Diese Geschichte hat mir heute gezeigt, dass meine Träume eine Quelle der Inspiration sind. Ich werde von nun an in der Stille der Nacht drauf achten, wenn sie zu mir sprechen, um mir den Weg zu weisen."

Zufrieden nickte Meister Ashita, während sie den Berg hinabstiegen und das Zwitschern der Vögel sie begleitete. Die Sonne versank langsam hinter den Berggipfeln und der Himmel färbte sich in ein warmes Abendrot.

Impuls: Möge dein Schlaf von inspirierenden Träumen gefüllt sein, denn im Zauber der Träume findest du verborgene Wahrheiten über dich selbst und den Weg, den du gehen sollst.

Die Geheimnisse der Sterne

Während die Nacht langsam dem Tag wich, stand Meister Hayato vor seinen Zuhörern und enthüllte die Geheimnisse der Sterne.
Der Meditationsraum war heute prall gefüllt mit Menschen, die sich versammelt hatten. Noch etwas müde, doch voller Neugier warteten sie gespannt auf die heutigen Lehren, um die Geschichte von Kenyo zu hören.
Ein Reisender, der vor vielen Jahren die Weisheit der Sterne als Inspiration entdeckte.

Meister Hayato begann mit den Worten: „Die Sterne sind nicht nur leuchtende Punkte am Himmel, sondern auch Hüter der uralten Weisheit.

Die Geschichte von Kenyo wird euch zeigen, dass der Himmel über uns tiefgreifende Erkenntnisse und nicht nur Schönheit birgt."
Kenyo war ein rastloser Reisender, den viele Fragen beschäftigten. Er liebte es, nachts auf einem Hügel zu sitzen und die Sterne anzuschauen. Er suchte nach der tieferen Bedeutung der Sternenkonstellationen, weil sich sein Herz nach Wissen sehnte.
„Die Sterne sind nicht nur die Augen des Universums, sondern auch Träger der Weisheit. Sie erzählen Geschichten über die Entstehung des Universums und die Pfade der Sterne, die unsere Vorfahren seit vielen Jahrhunderten verfolgt haben", erklärte Meister Hayato seinen Zuhörern.
Kenyo begann mit dem Studium der Sternenbilder und fand darin Anleitungen für sein eigenes Leben. Er lernte von den Sternen, dass das Leben eine Reise durch das Universum ist, voller Geheimnisse und unerschlossener Pfade. Kenyo erkannte auch in der Weisheit der Sterne, dass der Himmel über uns eine Quelle der Inspiration ist. Er lernte auf diese Weise mehr über die Naturgesetze und fand Harmonie zusammen mit den Sternen.

Nach einer Weile spürte er den Drang weiterzuziehen und kam zu einem abgelegenen Kloster. Als er den Zen-Meistern von seinen Erfahrungen erzählte, luden sie ihn ein, dort zu lehren und sein Wissen über die Sterne den Schülern weiterzugeben.
Mit großer Freude willigte er ein. Endlich ergab alles für ihn Sinn. Er war angekommen, hatte genug Wissen erlangt und spürte, dass es richtig war, all das Wissen weiterzugeben.

Fasziniert schauten die Zuhörer Meister Hayato an, der seine Geschichte beendete.

„Die Erlebnisse von Kenyo zeigen uns, dass die Geheimnisse der Sterne uns die Zusammenhänge des Lebens lehren. Kenyo entdeckte, dass jede Sternenkonstellation eine Geschichte über Beständigkeit, Veränderungen und den Verlauf der Zeit erzählt. Mit Begeisterung und voller Freude teilte er all sein Wissen mit den Schülern."

In Gedanken bei den Geheimnissen der Sterne verließen die Menschen den Meditationsraum. Auch sie hatten durch diese Geschichte großes Interesse gespürt, mehr über die Geheimnisse der Sterne zu erfahren.

Impuls: Mögen die Geheimnisse der Sterne auch dich lehren, dass du Teil eines größeren kosmischen Märchens bist. Die Sterne erinnern dich daran, dass jeder von uns eine einzigartige Geschichte schreibt, die in das Universum eingewoben ist.

Das Fließen des Wassers

Ein paar Suchende trafen auf das Kloster, das vom alten Meister Hiro geführt wurde. Schon seine von den Jahren gezeichnete Haut zeugte von etlichen Geschichten und einem reichen Leben, gefüllt mit Weisheit. Seine leuchtenden Augen luden jeden ein, voller Ehrfurcht und Erwartung, sich dem Strom seiner Weisheit anzuschließen.

Die Abenddämmerung erleuchtete den Tempel und schaffte eine Atmosphäre der Stille und Kontemplation, als sich alle versammelten, um die Geschichte über das Fließen des Wassers zu hören.

Meister Hiro schaute sich zufrieden in der Runde um und begann mit seiner Erzählung: „Das Fließen des Wassers ist eine Metapher für das Leben selbst. Kentos Geschichte wird euch von der Anpassungsfähigkeit und Flexibilität erzählen." Er machte eine kurze Pause und dachte nach, dann nickte er und fuhr fort.
Meister Hiro erzählte von Kento, einem jungen Fischer. Kento hatte gelernt, dass das Meer unberechenbar war, aber er hatte auch die Weisheit des Wasserflusses gelernt.

Eines Tages überraschte ihn ein kräftiger Sturm und sein kleines Boot wurde von den Wellen kräftig hin- und hergeworfen. Nach kurzer Zeit fand er sich auf hoher See treibend wieder. Er geriet in Panik und bangte um sein Leben, doch er versuchte sich in all dem Chaos an die Erläuterungen seines Großvaters über das fließende Wasser zu erinnern.
Sein Großvater hatte ihm beigebracht, dass das Wasser sich anpasst und seinen Weg findet. Es kann kräftig wie eine Flut oder sanft wie ein Fluss sein. Aber die wahre Kraft des Wassers ist seine Anpassungsfähigkeit.
Kento entschied sich, dem Fluss des Wassers zu vertrauen und sich nicht gegen die Naturgewalten zu wehren. Er ließ sich von den Wellen tragen und suchte nach Möglichkeiten, sich anzupassen. Eine Lücke zwischen den Wellen öffnete sich, und Kento sah plötzlich eine Möglichkeit, sicher ans Ufer zu gelangen. Schnell erkannte er, dass das Fließen des Wassers eine innere Weisheit und nicht nur eine äußere Realität war.
Es war alles gut ausgegangen und er hatte etwas Wichtiges für sein Leben gelernt.

Meister Hiro beendete die Geschichte und lies ein paar Sekunden die Stille durch den Raum ziehen und die Zuhörer wieder gedanklich zurückkommen.
Dann erklärte er: „Die Geschichte von Kento lehrt uns, dass das Leben genau wie das Wasser unvorhersehbar ist. Anpassungsfähigkeit bedeutet nicht nur, sich den Umständen anzupassen, sondern auch kreative Wege zu finden, sich in Harmonie mit dem Fluss des Lebens zu bewegen."
Ein leises Raunen ging durch den Raum und seine Zuhörer nickten zustimmend.
„Die Anpassungsfähigkeit des Wassers hat ihm geholfen, Hindernisse zu überwinden. Ähnlich sollten wir lernen, uns an verschiedene Lebenssituationen anzupassen, ohne unsere Persönlichkeit zu verlieren."

Meister Hiro erklärte den Anwesenden, dass, wenn wir lernen, uns an die Veränderungen des Lebens anzupassen, wir Frieden in der Flexibilität und Weisheit in der Anpassungsfähigkeit finden können.

Die Geschichte des Fließens des Wassers hatte alle Zuhörer sehr inspiriert. Dankbar verließen sie den Meditationsraum.
„Möge euer Leben wie das Wasser sein - anpassungsfähig, flexibel und im Einklang mit dem ständigen Wandel des Universums", verabschiedete er alle.

Impuls: Mögen die Lehren des Wassers auch dir ein tieferes Verständnis für die Strömungen des Lebens schenken, sowohl im Inneren als auch im Äußeren.

Die Kunst des Zuhörens

Meister Kibo saß mit zwei anderen Meistern in einem stillen Zen-Garten. Er wollte den anderen eine Geschichte über die Kunst des Zuhörens erzählen.
„Die Geschichte handelt von Ruri, einem jungen Mädchen, das die heilende Kraft des aufmerksamen Zuhörens entdeckte", sagte er.

„Bitte erzähle sie uns", antworteten die anderen Weisen und Meister Kibo teilte seine Geschichte mit ihnen. Sanfte Windspiele begleiteten seine Worte und füllten den Garten mit einer beruhigenden Melodie.

„Die Kunst des Zuhörens ist wie ein heilender Balsam für die Seele. Die Geschichte von Ruri zeigt, wie aufmerksames Zuhören Energien freisetzt und Verbindungen erschafft."
Gespannt lauschten die beiden seinen Worten.
Ruri war eine junge Frau, die sich oft in den Schatten von Kirschbäumen setzte und den Vogelgesängen lauschte. Sie liebte die Natur sehr und glaubte, dass sie ihr viele Geschichten erzählte und sie lehren wollte, zuzuhören. Als eines Tages ein alter Mann namens Takoro in das Dorf kam und Ruri ihn sah, spürte sie sofort eine besondere Bindung zu ihm. Der Mann war bekannt für seine tiefe Weisheit und er besaß das außergewöhnliche Talent, den Menschen aufmerksam zuzuhören, was ihre Herzen berührte. Seine Ausstrahlung war unglaublich und zog Ruri an. Voller Ehrfurcht bat sie ihn, ihr die Kunst des Zuhörens beizubringen.
Er dachte etwas nach, musterte sie eine Weile und sagte dann: „Die wahre Kunst des Zuhörens erfordert nicht nur das Hören von Worten, sondern auch das Verstehen der Emotionen, die sich dahinter verbergen."
Der alte Mann lächelte und fuhr fort. „Mädchen, du kannst die versteckten Botschaften erkennen, wenn du mit deinem Herzen hörst."
Ruri dachte viele Tage über seine Worte nach, bis sie endlich die tieferen Schichten der Kommunikation erkannte und begann auch den Klang der Stille zu verstehen.
Ruri wurde für die Dorfbewohner zu einer Quelle der Unterstützung und des Trostes. Inspiriert von dem alten Mann ging Ruri durch das Dorf und hörte den Leuten zu. Ihr Mitgefühl und ihre aufmerksame Anwesenheit schafften Verbundenheit.

Menschen entdeckten in ihr eine Vertraute, die sowohl ihre Freuden als auch ihre Sorgen mitfühlend aufnahm. Die Monate vergingen und Ruri lehrte die Dorfbewohner, dass die Kunst des Zuhörens bedeutet, dass wir durch aufmerksames Zuhören nicht nur Verbindungen schaffen, sondern auch hei-lende Energien freisetzen können. In jedem Moment des Zuhörens liegt die Chance, die Welt durch die Augen des anderen zu sehen.

Das Rascheln eines Eichhörnchens brachte die drei Zen-Meister mit ihren Gedanken wieder in den Garten zurück.

„Eine schöne Geschichte", sagte der eine Meister. „Ja wirklich", erwiderte der Zweite.

„Diese Geschichte von Ruri zeigt uns, dass die Kunst des Zuhörens eine besondere Fähigkeit erfordert - mit dem Herzen zu hören. Eine Fähigkeit, die nicht viele Menschen besitzen."

Meister Kibo nickte. „Ich mag diese Geschichte und erzähle sie meinen Schülern sehr gerne. Sie erkennen durch diese Geschichte, dass die Kunst des aufmerksamen Zuhörens nicht nur die Worte, sondern auch die Seelen der Menschen berührt.

Der Tag verging rasch, und die drei Zen-Meister saßen noch immer im stillen Zen-Garten, umgeben von einer Ruhe- und Gelassenheitsstimmung. Sie ließen den Tag sanft ausklingen, bereichert durch den Austausch von Weisheit und die Verbundenheit mit ihren Mitmenschen, und fühlten sich innerlich erfüllt und in Frieden.

Impuls: Möge dein Herz immer offen sein, um die leisen Klänge der Seele zu hören, denn in der Kunst des Zuhörens findest du die wahre Verbundenheit.

Die Essenz der Gelassenheit

Sanftes Licht der flackernden Kerzen erfüllte den Meditationsraum eines Zen-Tempels.

Die Schüler umkreisten Meister Oshira, um die Lehren über die Essenz der Gelassenheit zu erhalten.
Mit einem Schlag wurde es still und alle warteten gebannt auf seine Aussagen zu der heutigen Lehre.

„Das Wichtigste bei der Gelassenheit ist nicht, den Sturm zu vermeiden, sondern ruhig im Auge des Sturms zu bleiben. Die Geschichte über Ikara, die ich euch nun erzählen möchte, wird euch die Weisheit der Gelassenheit vermitteln."

Meister Oshira erzählte von Ikara, einem jungen Mönch, der die Kunst der Gelassenheit meistern wollte. Der junge Mönch begann seine spirituelle Reise gemeinsam mit seinem Meister Sasuke in einer abgelegenen Berghütte. Eines Abends überraschte ihn ein gewaltiger Sturm. Der Wind donnerte mit großer Kraft um die Hütte herum, und der starke Regen prasselte wie Trommelschläge auf das Dach. Ikara beschloss genau in diesem Moment, die Lehren der Gelassenheit anzuwenden, anstatt sich wie sonst, vor dem Sturm zu fürchten.

Viele Stunden wütete der Sturm und Meister Sasuke beobachtete, wie Ikara ruhig meditierte. Meister Sasuke erklärte ihm, dass Gelassenheit nicht bedeutet, dass der Sturm aufhört, sondern dass man lernt, im Sturm ruhig zu bleiben.

Ikara intensivierte seine Übungen, er ließ die Sorgen und Ängste wie Blätter auf einem Fluss vorbeiziehen. Schritt für Schritt erreichte er eine innere Ruhe, die selbst der stärkste Sturm nicht beeinträchtigen konnte.

Der Meister war sehr stolz auf ihn.
Gestärkt durch diese Lektion, half Ikara in den nächsten Monaten den Dorfbewohnern bei ihren eigenen stürmischen Zeiten. Sein ruhiger Geist wirkte in der Dunkelheit wie ein Leuchtturm und inspirierte andere, die Essenz der Gelassenheit zu entdecken.

Stille kehrte in den Raum ein und mit dem abschließenden Satz beendete Meister Oshira seine Geschichte: „Die Geschichte von Ikara zeigt uns, dass Gelassenheit keine

Flucht vor den Herausforderungen des Lebens ist, sondern eine Haltung, die es uns ermöglicht, selbst in stürmischen Zeiten einen klaren Geist zu bewahren."

Die Schüler waren inspiriert von Ikaras Geschichte, auch wenn sie wussten, dass Gelassenheit zu praktizieren nicht so einfach war. Es brauchte Zeit und Übung, um die Lektionen zu verinnerlichen und die eigene innere Ruhe zu finden.

Sie verließen den Meditationsraum und hatten verstanden, dass Gelassenheit keine passive Haltung ist, sondern eine aktive Entscheidung, die Kontrolle über die eigenen Reaktionen zu behalten.

Impuls: Möge die Weisheit dieser Lehre dich auf deinem Weg stets begleiten und dir in stürmischen Zeiten die Kraft der inneren Ruhe verleihen.

Die Schönheit des Augenblicks

In einem abgelegenen Tempel, wo die Stille wie ein zarter Schleier über das Land zog, lebte ein Zen-Meister, namens Minato. Seine Weisheit strahlte wie ein funkelnder Edelstein in der Dunkelheit. Seine Tore wurden immer wieder von suchenden Mönchen besucht. Menschen, die das mysteriöse Licht des Wissens suchten, das sich in den Tempelhallen erstreckte.

So war der Tempel auch jetzt wieder belebt und die Schüler erhielten heute im Zen-Tempel von Meister Minato eine einzigartige Lehre über die Schönheit des Augenblicks.

Als die Schüler sich im Meditationsraum versammelten, strahlte der Tempelgarten in den warmen Farben des Sonnenuntergangs.
Meister Minato begann mit den Worten: „Die Essenz des Zen liegt im gegenwärtigen Moment. Heute möchte ich euch die Geschichte von Nagaru erzählen, einem jungen Mönch, der die Schönheit des Moments entdeckte und sein Leben daraufhin veränderte. Vor langer Zeit lebte Nagaru im Zen- Tempel, aber sein Geist war oft abwesend. Er sorgte sich um die Vergangenheit oder träumte von der Zukunft, ohne den Moment zu schätzen. Meister Kojo forderte ihn eines Tages auf, den Garten zu beaufsichtigen. Ungeduldig und bereits in einem anderen Gedanken, mähte Nagaru das Gras, ohne es wirklich zu sehen. Plötzlich sagte Meister Kojo zu dem jungen Mönch: Nagaru, bleib ruhig und achte genau auf das, was du tust. Das Leben findet nur im Moment statt."

Die Worte des Meisters überraschten Nagaru. Er schaute auf das Gras, welches er mähte, und bemerkte die feinen Tropfen des Morgentaues, die im Sonnenlicht glänzten. Er wurde von einem Gefühl der Ehrfurcht erfüllt und er erkannte die Schönheit des Moments.
Es wurde ruhig im Tempel und nach einer kurzen Pause fügte Meister Minato hinzu: „Die Schönheit des Moments ist wie ein zarter Schmetterling, wenn wir uns in der Stille und Achtsamkeit befinden. Der Schlüssel zur tieferen Verbindung mit dem Leben liegt im Moment. Nagaru erweiterte seine Achtsamkeitsübungen. Er versuchte, bei jedem Atemzug und jedem Schritt vollständig im Moment zu sein.

Mit der Zeit begann er, die Schönheit in den kleinen Dingen zu sehen, wie dem Duft der Blumen, dem Klang des Windes, der Zartheit eines Lächelns. Eines Tages erforschte Nagaru den Zen-Garten mit offenen Augen und einem offenen Herzen. Er hörte das Rauschen der Bambusblätter im Wind, spürte den weichen Sand unter seinen Füßen und sah die Kirschblüten, die langsam zu Boden fielen. Sein Herz war dankbar für diesen Augenblick."

Nagarus Geschichte inspirierte die Schüler, eine Meditation zu praktizieren, um den gegenwärtigen Moment zu genießen.

„Liebe Schüler, denkt daran, die Schönheit des Augenblicks ist wie ein Juwel im Herzen jedes Moments. Sie erinnert uns daran, dass das Leben nicht in der Vergangenheit oder Zukunft pulsiert, sondern einzig und allein in der Gegenwart", fügte er hinzu.

Seine Schüler nickten und waren dankbar für die heutige Lektion.

Nagaru wurde mit der Zeit zum Spiegel der Schönheit des Moments im Tempel. Die Herzen der anderen Mönche und Schüler wurden von seiner Präsenz berührt.

Impuls: Möge die Schönheit des Moments dich auf deinem Weg begleiten, und mögest du jeden Moment deines Lebens in seiner vollen Pracht erleben.

Die Kunst des Vergebens

In einem abgeschiedenen Zen-Tempel, eingehüllt von üppigem Grün und von einer Aura der Stille umgeben, lehrte Meister Asuka seine Schüler die Kunst des Vergebens.

Es hatten sich alle Schüler versammelt, als gerade der Mond den Meditationsraum in sanftes Licht hüllte und Meister Asuka die Lehren mit bedeutsamen Worten eröffnete: Die Kunst des Vergebens ist wie ein Befreiungsakt für die Seele. Die Geschichte von Takesho lehrt euch Vergebung und inneren Frieden. Takeshos Herz war von tiefem Schmerz erfüllt. In seiner Vergangenheit gab es zahlreiche Wunden, die sich wie unsichtbare Fesseln um sein Wesen legten.

Eines Tages fragte Takesho den Zen-Meister: „Meister, wie kann ich Frieden finden, wenn mein Herz mit Groll und Unvergebenheit belastet ist?"

Der Meister erklärte ihm, dass die Kunst des Vergebens der Schlüssel zum inneren Frieden ist. „Erlaube deinem Herzen, die Last der Vergangenheit loszulassen, und du wirst Freiheit finden."

Takesho verstand seine Worte, aber diese umzusetzen bereitete ihm Mühe. Er begann mit dem schwierigen Prozess der Vergebung und erlaubte sich, die Wut und Schmerzen, die sein Herz gefangen hielten, loszulassen. Mit jedem Schritt auf diesem Pfad fühlte er sich leichter. Nach vielen Wochen strahlte er vor Glück. Den Dorfbewohnern erklärte er zufrieden: „Die Kunst des Vergebens befreit nicht nur das Herz, sondern heilt auch die Seele. Es ist eine Reise zu einem inneren Frieden, die jedem von uns offensteht."

Meister Asuka unterbrach die Geschichte und sagte: „Die Geschichte von Takesho zeigt uns, dass Vergebung nicht bedeutet, das Unrecht zu rechtfertigen, sondern sich selbst von den Ketten des Grolls zu befreien."

Die Schüler fühlten sich von der heutigen Geschichte tief berührt. Sie waren erfüllt von einem Gefühl der Inspiration und spürten Motivation. Sie verließen den Meditationsraum, bereit, die Lehren der Vergebung in ihr eigenes Leben zu integrieren.

Meister Asuka schloss mit den Worten: „Möge euer Herz Vergebung finden und der Frieden, den ihr sucht, in euch erwachen, denn in der Kunst des Vergebens finden wir die wahre Freiheit der Seele."

Impuls: Öffne dein Herz für die heilende Kraft der Vergebung und erlebe Freiheit, die in dir erwachen wird.

Die Blumen des Mitgefühls

Der Zen-Meister Daiki traf bei einer Wanderung in den Bergen einen jungen Mann, der am Rande des Weges ruhte. Der Mann wirkte erschöpft von seiner Reise und war froh, nach langem wieder eine menschliche Seele zu treffen.

„Es ist wirklich schön, dich, einen Zen-Meister auf meinem Weg zu treffen. Ich heiße Orloth", sagte der Mann erfreut.

Der Zen-Meister mochte den junge Mann auf Anhieb. Sie plauderten ein bisschen und Daiki stellte fest, dass er ein wachsamer Zuhörer war. Das inspirierte den Zen-Meister, ihm eine Geschichte zu erzählen.

„Darf ich dir eine Geschichte über eine junge Frau namens Laiko erzählen?", fragte er ihn.
„Liebend gerne", antwortete dieser und nickte erfreut.

Die Blumen des Mitgefühls blühen im Garten der Menschlichkeit, heißt diese Geschichte und wird dir die Bedeutung des Mitgefühls für andere und für dich selbst näherbringen."
Gespannt lauschte Orloth den Worten des Meisters.
„Laiko, eine Frau, lebte in einem bescheidenen Dorf und pflegte eine innige Verbindung zu Blumen. Besonders zu solchen, die Liebe und Mitgefühl symbolisierten. Eines Tages traf Laiko auf einen müden Reisenden, der mürrisch seinen Weg entlang ging. Sie führte ihn in ihren Garten voller Mitgefühlsblumen. Freundlich und wissend erklärte sie ihm, dass diese Blumen uns lehren, dass Mitgefühl eine blühende Kraft ist, die die Welt verändern kann. Der Reisende verstand nicht ganz und schaute die Frau fragend an.

„Inmitten der Herausforderungen des Lebens können die Blumen des Mitgefühls unsere Herzen öffnen und uns daran erinnern, dass wir gemeinsam auf diesem Weg der Menschlichkeit sind", fügte sie hinzu und sah, wie sich etwas in dem Reisenden veränderte. Sein Gesicht wurde weich und ein Hauch von Verständnis zeichnete sich darauf ab."

Der Zen-Meister atmete tief aus, beendete seine Geschichte und ein paar Sekunden herrschte Stille, oben auf dem Berg, wo die zwei saßen.
Orloth, der junge Mann nickte. „Danke für die inspirierende Geschichte. Mitgefühl für sich selbst ist der Anfang des Mitgefühls für andere.

Diese Geschichte hat mich gelehrt, dass wir unseren inneren Garten pflegen müssen, um der Welt Mitgefühl zu zeigen."

Die Wege der Beiden trennten sich wieder, doch Orloth war voller Dankbarkeit über diese besondere Begegnung.

Er war inspiriert von der Kraft der Blumen und begann, sich selbst mitfühlend zu behandeln. Er erkannte, dass wahres Mitgefühl von innen kommt und sich ausbreitet, wie die Wurzeln eines Baumes.

Impuls: Das Mitgefühl, dass du ausstrahlst, heilt nicht nur andere, sondern spendet auch dir selbst Trost! Möge dein Herz ein Garten der Blumen des Mitgefühls sein, um damit die Welt um dich herum zu erhellen.

Die Kunst des Nicht-Wissens

Meister Tabito, der Greis im Zen-Kloster, thronte heute als der weiseste unter den Weisen. Seine grauen Haare und faltige Stirn zeugten von einem Leben voller Erkenntnisse und Erfahrungen. Seine Präsenz strahlte eine unermessliche Ruhe und Gelassenheit aus, die die Schüler in ihren Bann zog. Als der silberne Mond am Himmel aufstieg, versammelten sich die Schüler am Abend. Sie wollten die Legende von Kaitoro hören. Einem Mann, der durch das Nichtwissen Erlösung fand. Meister Tabito begann mit leisen Worten: „Das Nicht-Wissen ist wie ein leeres Blatt Papier, bereit, mit den Geheimnissen des Lebens beschrieben zu werden. Die Geschichte von Kaitoro wird euch die Freiheit aufzeigen, die im Unwissen verborgen ist."

Ehrfürchtig lauschten die Schüler seiner Erzählung über einen jungen Mönch, der vor vielen Jahren an die Pforten des Klosters klopfte und nach Antworten suchte.

Kaitoro war ein neugieriger Mensch, der sein Leben damit verbrachte, so viel wie möglich zu lernen. Sein Regal war gefüllt mit Büchern, und sein Geist war wie ein unersättlicher Schwamm, der nach Wissen dürstete.

Kaitoro setzte sich mit dem Zen-Meister unter einen Baum, dann fragte der Meister ihn: „Was weißt du über das Nichtwissen, junger Suchender?"

Verwirrt fragte Kaitoro: „Aber Meister, das Nichtwissen ist doch das Fehlen von Wissen, oder?"

Der Meister des Zen lächelte sanft. „Das Nichtwissen ist nicht das Fehlen von Wissen, sondern die Bereitschaft, ohne die Last des Vorwissens offen für das zu sein, was das Leben uns bietet."

Eine Weile dachte Kaitoro über seine Worte nach. Dann beschloss er, die kommenden Tage damit zu verbringen, in der Natur zu meditieren und die Schönheit des Lebens ohne den Schleier des Wissens zu genießen. Er fand die Befreiung im Nichtwissen mit jedem Sonnenaufgang und jedem sanften Windstoß von Blütenblättern.

Verändert stand Kaitoro nach ein paar Tagen vor dem Zen-Meister und strahlte. Er bedankte sich und sagte: „Ich habe Antworten gefunden. Danke. Die Kunst des Nicht-Wissens befreit uns von den Ketten des Denkens. Es ermöglicht uns, im Moment zu leben, ohne von der Last der Vergangenheit oder den Erwartungen der Zukunft beeinträchtigt zu werden."

Gebannt lauschten die Schüler Meister Tabitos Worten, als die Geschichte ihr Ende fand.

„Die Geschichte von Kaitoro zeigt uns, dass wahres Wissen darin liegt, das Nichtwissen zu umarmen und die Wunder des Lebens ohne Vorurteile zu erleben. Auch wenn es nicht immer einfach ist, lohnt es sich, diesen Weg zu erkunden."

Dankbar über die heutige Lektion, verließen die Schüler den Meditationsraum, der mit der Kunst des Nichtwissens gefüllt war. Sie spürten, wie seine Worte ihre Herzen erleuchteten. Sie waren entschlossen, es ebenfalls zu versuchen.

Impuls: Entdecke im Nichtwissen die Freiheit jenseits deiner Erwartungen. In dieser Unbekümmertheit liegt die Quelle deiner Kreativität und Staunens.

Vom Leiden zum inneren Frieden

Hirokel war ein Fischer und lebte in einem kleinen Fischerdorf am einsamen Ufer des Ozeans. Auch wenn er noch nicht so alt war, hatte er dennoch einige Stürme des Lebens mitgemacht und war davon geprägt. Er fühlte sich müde vom Leben und sein Geist war von Ängsten und Sorgen erfüllt. Sein Herz war schwer von den vielen Belastungen seiner Vergangenheit. Für ihn stellte jeder Tag eine unendliche Abfolge von Schwierigkeiten und Enttäuschungen dar. Hirokel fühlte sich im Leiden verloren. Sein Leben glich einem Sog, der ihn jeden Tag tiefer in den Abgrund zog.

Eines Tages begegnete er einem anderen Fischer.

Dieser war sehr alt und erfahren – jeder kannte Molli, den klugen Fischer.

Während Hirokel seine Netze reparierte, lud er den anderen Fischer, Molli ein, ihm am Ufer des Ozeans Gesellschaft zu leisten. Dieser war erfreut und setzte sich entspannt neben ihn. Das Gesicht von Molli erzählte Geschichten, es war nicht nur sehr alt, es war von den Spuren vieler Jahre, Erlebnisse und unzähligen Abenteuern gezeichnet.
Als sie am Ufer saßen, wehte der Wind sanft über das Wasser und die beiden fingen an, zu erzählen. Molli erzählte Hirokel über seine vielen Fahrten hinaus auf hohe See. Er erzählte von den Tiefen des Ozeans, die heftigen Stürme und über die friedlichen Gewässer, die er schon in seinem Leben überquert hatte. Er sprach über etwas Wichtiges, was Hirokel bisher unbekannt war – die Kunst des Loslassens.
Leise sagte er: „Weißt du, Hirokel, das Leben ist wie das Meer. Manchmal ruhig und manchmal stürmisch. Aber das Geheimnis ist nicht, die Stürme zu vermeiden, sondern das Erlernen des Segelns mit ihnen. Du trägst all das Leiden wie eine schwere Bürde. Doch wenn du es schaffst, loszulassen, wirst du schnell merken, dass du nicht länger gefangen bist."
Hirokel hörte dem alten Fischer aufmerksam zu, als er weitersprach über die Kraft der Akzeptanz und den Frieden, der darin besteht, sich dem Leben hinzugeben.
Mit jedem weiteren Wort erkannte Hirokel, dass sein Leiden einfach zu der Reise des Lebens gehört, aber es war nicht sein Schicksal.

Der alte Fischer machte sich auf den Heimweg und wünschte Hirokel ein weiteres Leben voller Leichtigkeit.

Hirokel bedankte sich bei ihm für seine inspirierenden Worte und die besondere Gesellschaft, die vieles in ihm verändert hatte. Ein Gefühl von Hoffnung keimte in seinem Herzen, sowie ein neues Verständnis für das Leben hatte er erlangt. Auch wenn es schwierig werden würde, so war er von nun an entschlossen, den Weg des Loslassens zu gehen und das Leiden zu überwinden.

Impuls: Möge dir die Erzählung des alten Fischers verdeutlichen, dass das Loslassen eine Macht darstellt, mit der du Leiden überwinden und inneren Frieden finden kannst. Öffne dein Herz für die Chancen, die dir bevorstehen, und hab den Mut, das, was dich belastet, zu lösen.

Der ehrliche Vogel

Ein kluger Zen-Meister namens Horlo wohnte in einem abgelegenen Dorf, das von friedlicher Natur umgeben war. In Zeiten von Verwirrung und Zweifel suchten viele seine Führung, da sein Name weit über die Grenzen des Dorfes hinaus bekannt war. Eines Tages kam ein junger Mann zu ihm, sein Gesicht war sorgenerfüllt. Zögerlich begann er zu sprechen: „Meister Horlo, ich stehe oft vor schwierigen Entscheidungen und weiß nicht, wie man richtig und falsch unterscheidet. Kann ich bei dir Hilfe finden, um die Grundsätze von Ethik und Moral zu begreifen?"

Meister Horlo schenkte dem jungen Mann ein liebevolles Lächeln und lud ihn ein, mit ihm im nahegelegenen Wald spazieren zu gehen.

Sie wanderten eine Weile schweigsam zwischen den imposanten Bäumen und der sanfte Wind begleitete sie auf ihrem Weg. Da begann Meister Horlo dem jungen Mann eine Geschichte zu erzählen: „Vor vielen Jahren wohnte ein kleiner Vogel, der Koko genannt wurde, in diesem Dorf. Koko war berühmt für seine Ehrlichkeit und seine feste Überzeugung von dem Guten in sämtlichen Lebewesen. Eines Tages, während er über die saftigen Wiesen flog, fand er im Gras eine glitzernde Glasperle. Es stellte sich heraus, dass die Glasperle sehr wertvoll war und Koko und seiner Familie viele Jahre lang Wohlstand und Sicherheit verschafft hätte."

Der Meister legte eine Pause ein und schaute zu den Bäumen hoch.
„Was hat Koko mit der Glasperle gemacht?" fragte der junge Mann interessiert nach.
„Koko dachte lange nach und hatte dann eine schwierige Entscheidung zu treffen", sagte Horlo.
„Ohne Weiteres hätte er die Glasperle behalten können, um sie sich selbst zunutze zu machen. Doch Koko wusste, dass echter Reichtum nicht darin bestand, materielle Dinge zu besitzen, sondern darin, von ganzem Herzen zu handeln. So entschied sich Koko stattdessen dafür, die Glasperle zurückzubringen und ihrem rechtmäßigen Besitzer zu übergeben. Er war erleichtert und voller Zuversicht, dass er das Richtige getan hatte."
Meister Horlo beendete seine Geschichte und setzte sich auf einen Baumstamm, um wieder zu Kräften zu kommen.

„Das ist eine wirklich schöne Geschichte. Doch wie kann ich zwischen richtig und falsch unterscheiden, wenn die Entscheidungen so komplex sind?" fragte der junge Mann nachdenklich.

Lächelnd antwortete der Zen-Meister: „Die Prinzipien von Moral und Ethik sind wie ein innerer Leitfaden, der dir hilft, mit deiner wahren Natur im Einklang zu leben. Hör genau auf dein Herz, denn es kennt die Wahrheit. Du solltest dich fragen, ob deine Taten von einem reinen und liebevollen Herzen ausgehen. Und wenn die Antwort ja lautet, dann wirst du auch den Weg finden, richtig zu handeln."

Der junge Mann war von der Weisheit des Meisters tief beeindruckt und eine Erleichterung und Dankbarkeit machte sich in ihm breit. Er erkannte, dass seine Zweifel nicht von außen gelöst wurden, sondern von innen.

Als die Sonne langsam über den Horizont sank und der Himmel in warme Farben tauchte, verabschiedete sich der junge Mann von Horlo und kehrte in sein Dorf zurück. Ein Gefühl von Sicherheit und Frieden durchzog ihn. Von diesem Tag an folgte er den Grundsätzen von Ethik und Moral und brachte anderen Freundlichkeit und Mitgefühl entgegen.

Impuls: Erinnere dich stets daran, dass dein Herz der ultimative Kompass für dein Handeln ist.

Die Tiefe der Verbundenheit

In stillen Tälern, hoch oben lag ein Zen-Tempel, der von prächtigen Bäumen und sanft plätschernden Bächen umgeben war. Dieser Ort war ein Juwel der Ruhe und des Nachdenkens. Die Natur verschmolz in einer harmonischen Symbiose mit den jahrhundertealten Mauern.

Der alte Meister Oga rief seine Schüler zusammen, um ihnen die Tiefe der Verbundenheit zu erklären. Seine neugierigen Schüler versammelten sich in einem ruhigen Raum, der vom Geruch von Räucherstäbchen durchzogen war.
Sie waren bereit, um die heutige Geschichte von Laia zu hören.

Laia war ein Mönch, der erkannte, wie wichtig es ist, mit dem Universum und anderen verbunden zu sein.

Meister Oga atmete tief ein, schloss seine Augen und begann mit seiner Erzählung: „Die Tiefe der Verbundenheit zeigt sich in unseren Beziehungen zu anderen und zum Universum. Die heutige Geschichte von Laia wird euch viel über das Leben selbst lehren. Laia war ein junger Mann, der gerne alleine im Zen-Garten meditierte. Auf der Suche nach innerem Frieden fragte er den Zen-Meister, wie er wahre Verbundenheit erfahren kann? Sein Meister antwortete ihm, dass die Tiefe der Verbundenheit im Erkennen liegt, und dass alles Leben miteinander verwoben ist. Du bist nicht allein, sondern Teil eines großen Universums, in dem alles miteinander verbunden ist."

Laia brauchte ein paar Tage, bis Gesagtes in seinem Herzen und seinem Geist ankam. Als er später wieder im Garten saß, lächelte er, denn er hatte verstanden, dass alles miteinander verbunden war. Er spürte die Lebendigkeit in den Menschen um ihn herum und die Schönheit der Natur. Das erste Mal in seinem Leben, machte alles Sinn. Sein Herz erkannte die unendlichen Verbindungen, die alle Lebensformen miteinander verknüpften.

Meister Oga wurde still, und seine Schüler betrachteten ihn nachdenklich, während sie seine Worte verarbeiteten. Er spürte, wie die Geschichte noch in ihren Gedanken nachhallte und ließ sie eine Weile in Stille verweilen.

Nach einer Weile verabschiedete er sich von ihnen: „Die Geschichte von Laia zeigt euch, dass die wahre Verbundenheit in der Akzeptanz liegt – im Annehmen, dass wir alle Teil eines größeren Ganzen sind. Möge die Verbundenheit euch mit Liebe erfüllen, in der ihr die Quelle des inneren Friedens findet. Und nun, meine Schüler, geht und denkt über meine heutige Geschichte nach."

Die Schüler verließen den Raum und ihre Gedanken waren immer noch von den Weisheiten ihres Meisters erfüllt. Alle waren bereit, die Lehren von Laia in ihr tägliches Leben zu integrieren und ihre eigene Verbundenheit zu stärken.

Impuls: Lass es zu! Tauche in die Tiefe der Verbundenheit ein, wo deinHerzschlag im Einklang mit dem Universum pulsiert. Entdecke die Kraft von Mitgefühl und Liebe in deinen Handlungen. Finde die wahre Essenz deines Seins in der Verbindung mit anderen.

Die Weisheit der Wolken

Ein sanfter Hall von Klangschalen erfüllte den Meditationsraum, während sich die Schüler versammelten. Sie erwarteten voller Vorfreude eine Geschichte ihres Zen-Meisters Yori über die Weisheit der Wolken.

Als Stille einkehrte, begann Meister Yori mit den Worten: „Die Weisheit der Wolken offenbart uns die Kunst des Loslassens und des Fließens mit dem Leben. Meine Geschichte von Haru wird euch die Lehren der Unbeständigkeit aufzeigen und wie wir im Fluss des Lebens bleiben können."
Die Schüler schlossen die Augen und gaben sich ganz der Weisheit ihres Meisters hin. Sie waren bereit, die Geschichte von Haru zu empfangen.

„Es gab einst einen jungen Mönch namens Haru. Er war wissbegierig und meditierte häufig auf einem Hügel, um den Wolken am Himmel zuzusehen. Eines Tages fragte er den Zen-Meister, was uns die Wolken über das Leben lehren können? Erfreut über sein Interesse, antwortete er, dass die Weisheit der Wolken im Akzeptieren der Unbeständigkeit liegt. Wie alle Erfahrungen im Leben kommen und gehen auch die Wolken. Man solle den Fluss des Lebens genießen, ohne an seinen Vorstellungen festzuhalten."
Haru verbrachte einige Tage damit, die Wolken am Himmel zu beobachten. Er lernte, wie sich die Formen ständig veränderten und wie die Wolken im Tanz des Windes ihre Besonderheit behielten.
Als Meister Yori eine kurze Pause machte, öffneten die Schüler wieder ihre Augen. Er sah einen nach dem anderen an und sagte dann: „Die Geschichte von Haru und den Wolken zeigt uns, dass nichts im Leben für immer bleibt. Alles ist im Fluss und in diesem Fluss finden wir unsere wahre Natur."

Die Schüler nickten und waren dankbar für diesen Ausflug und die Erkenntnis.
„In der Weisheit der Wolken lernen wir, dass Loslassen bedeutet, im Jetzt zu leben", fügte Meister Yori hinzu.
Die Schüler verließen den Meditationsraum und fühlten sich durch die Lehren der Wolken erfüllt.

Impuls: Erkenne auch du in der stetigen Veränderung die Schönheit des Augenblicks und die Freiheit, dich im Fluss des Lebens treiben zu lassen.

Der Weg zum inneren Licht

Im eiskalten Schimmern des Winters weihte Meister Basho den Mönch Akio in die Geheimnisse seiner spirituellen Erkenntnisse ein. Gemeinsam begaben sie sich auf eine Reise, um ein weiteres Juwel auf dem Pfad der Erleuchtung zu entdecken - das Licht der Dankbarkeit. Die Tempelanlagen lagen unter einer zarten Schneedecke, während die klare Winterluft den Duft von frisch gefallenem Schnee und dem warmen Feuerholz trug. Schweigend betraten sie den hellen Meditationsraum, dessen Fenster den Blick auf die schneebedeckte Landschaft freigaben. Die Kerzen flackerten im schwachen Licht als Basho sprach: „Die Dankbarkeit, Akio, ist wie ein Licht, das selbst die dunkelsten Ecken unseres Lebens erhellt."

Im Meditationsraum sprach er in ruhigen und bedachten Worten über die Bedeutung der Dankbarkeit. Er ermutigte Akio, sich mit bewusster Aufmerksamkeit an die Momente des Glücks und der Fülle in seinem Leben zu erinnern, um das Licht der Dankbarkeit in sein Herz fließen zu lassen. Während Akio in seiner tiefen Meditation versunken war, richtete er seine volle Achtsamkeit auf die Gedanken der Dankbarkeit und spürte, wie das Licht in seinem Inneren langsam und behutsam wuchs, eine wärmende Glut entfachte und eine innere Ruhe verbreitete.
Tief in seiner Meditation versunken, begann Akio, über Momente der Dankbarkeit nachzudenken - die Schönheit des Tempels, die Gemeinschaft der Brüder, die reiche Stille des verschneiten Waldes. Mit jedem Gedanken schien das Licht der Dankbarkeit in ihm zu wachsen und eine innere Wärme breitete sich aus.
Basho öffnete die Augen und lächelte. „Die Dankbarkeit ist wie ein unsichtbares Feuer, das unser Innerstes erwärmt. Indem wir uns auf das konzentrieren, wofür wir dankbar sind, schaffen wir Licht, selbst in den kältesten Zeiten."

In den folgenden Wochen tauchte Akio tief in die Praxis der Dankbarkeit ein. Jeden Abend nahm er sich Zeit, um in seinem Herzen nach den funkelnden Perlen der Dankbarkeit zu suchen. Ob groß oder klein, sie alle füllten sein Inneres mit einem warmen Glanz.

Als er seine Erfahrungen mit Meister Basho teilte, nickte dieser zustimmend. „Das Licht der Dankbarkeit, Akio, ist nicht nur für uns selbst, sondern auch für andere. Es strahlt aus wie ein Leuchtturm in der Dunkelheit und seine Strahlen können sogar die tiefsten Schatten erhellen."

So wurde das Licht der Dankbarkeit für Akio nicht nur eine Übung, sondern eine Quelle innerer Kraft. In der Stille des Winters erkannte er, dass Dankbarkeit nicht von äußeren Umständen abhängt, sondern ein Licht ist, das aus der Tiefe des eigenen Herzens strahlt. Diese Erkenntnis führte ihn zu einem tieferen Verständnis für das Leben und zu einem Zustand inneren Friedens. Er erkannte, dass die Dankbarkeit nicht nur eine Emotion, sondern ein spirituelles Licht ist, das aus der Tiefe des Herzens strahlt. Diese wertvolle Erkenntnis lenkte seine Aufmerksamkeit auf die Gegenwart, auf die Schönheit des Lebens und auf die Magie der Schöpfung.
Mit der Zeit begann Akio, die Dankbarkeit in jeder Facette seines Lebens zu kultivieren. Selbst in Zeiten der Herausforderung und des Kummers fand er einen Grund zur Dankbarkeit, sei es für die Lektionen, die das Leben ihm schenkte oder für die Liebe und Unterstützung seiner Mitmenschen. Das Licht der Dankbarkeit eröffnete ihm neue Wege der Erkenntnis und des Mitgefühls, berührte die Herzen anderer und schuf Verbindungen, die über alle Grenzen hinausreichen.
So erblühte das Licht der Dankbarkeit in Akios Leben wie eine zarte Frühlingsblume, und mit jedem Tag wuchs seine Liebe zum Leben und zu allem, was existiert. Sie wurde zu seinem Kompass auf der Reise der Selbstfindung und zu seinem treuen Begleiter auf dem Weg zur Erleuchtung.

Impuls: Lass die Dankbarkeit in dein Leben treten und sie wird wie ein leuchtendes Licht sein, das selbst die dunkelsten Ecken deines Lebens erhellt.

Der Klang der Stille

Die Schüler versammelten sich im Zen-Tempel von Meister Koto, um die heutige Lektion der Lehre über den Klang der Stille zu erfahren. Das gedämpfte Licht der Laternen sorgte für eine Atmosphäre der Ruhe, als Meister Koto die Geschichte von Keshi, einem schweigsamen Mönch, zu erzählen begann.
„Der Klang der Stille ist mächtiger als tausend Worte. Die Geschichte von Keshi wird euch die Wichtigkeit der Stille bei der Suche nach innerer Ruhe und Weisheit vermitteln."
Im Raum wurde es still und die Schüler warteten gespannt darauf, was sie die heutige Geschichte lehren würde.
„Keshi, der Mönch, lebte in einem abgelegenen Tempel hoch oben in den Bergen.

Er hatte schon sehr früh erkannt, dass die Welt der Worte oft von der wahren Essenz des Lebens ablenken konnte. Eines Tages kam ein Suchender zum Tempel und bat Keshi um eine Führung. Dieser nickte und führte den Suchenden zu einem stillen Raum im Tempel. Dort setzten sie sich nieder und wurden von der tiefen Stille umgeben. Zuerst war der Suchende verwirrt und sah Keshi fragend an. Dieser teilte ihm mit einem leisen Lächeln mit, dass der Klang der Stille ihn zu seiner inneren Welt führen würde. Er erklärte ihm weiter, dass wir das Leben ohne Ablenkung in dieser besonderen Ruhe spüren können."
Meister Koto unterbrach seine Geschichte über den Mönch und ergänzte dann nach einer kurzen Pause: „Diese Geschichte von Keshi lehrt uns, dass die Stille nicht das Fehlen von Klang ist, sondern das Eintauchen in einen Raum jenseits der Worte, wo die wahre Weisheit gefunden werden kann."

Ein Raunen ging durch den Raum und als Ruhe wieder einkehrte, fügte Meister Koto hinzu: „In der Stille entdecken wir nicht nur Ruhe, sondern auch die Fähigkeit, unsere Welt klarer zu sehen. Obwohl die Gedanken wie Wellen sind, spiegelt sich in der Stille die ruhige Oberfläche eines klaren Sees wider."

Er erzählte die Geschichte von Keshi zu Ende. Der Suchende übte täglich die Kunst der Stille und verbrachte viele Stunden in Meditation. Nach einer Weile erwarb er die Fähigkeit, sich in die Stille einzufügen, als ob er Teil davon wäre. Einige Wochen vergingen und Keshi, der Mönch, konnte sehen, dass sich bei dem Suchenden viel verändert hatte.
„Danke Meister Keshi", sagte er eines Abends, als sie durch den Garten des Zen-Tempels schritten.

Für diese Veränderung und das damit verbundene Wissen war er sehr dankbar. Der Suchende blieb noch weitere Monate.

Es hatte sich herumgesprochen, dass der Klang der Stille eine universelle Sprache hat – die Sprache des Herzens, die über Worte und Sprachen hinausgeht. Menschen aus Nah und Fern besuchten Keshi, den Mönch. Auch sie sehnten sich danach, die tiefe Weisheit zu finden, die in der Stille verborgen war.

So endete die heutige Geschichte und Meister Koto entließ seine aufmerksamen Schüler. Inspiriert verließen sie den Meditationsraum, der von der Lehre über den Klang der Stille erfüllt war.

Impuls: Die Stille soll auch dich auf deiner eigenen Reise zur inneren Erkenntnis begleiten und dich zu der Weisheit führen, die in der tiefen Ruhe des Moments verborgen ist.

Der Sonnenaufgang des Neuanfangs

Die ersten goldenen Sonnenstrahlen fielen auf das altehrwürdige Kloster an einem abgelegenen Ort, fernab von der Hektik des Alltags. Das warme Licht umhüllte das Gemäuer mit einer weichen Aura der Ruhe, als sich die Schüler des Zen-Meisters Reno an diesem Morgen im Medi-tationsraum versammelten. Sie waren voller Erwartung und bereit, den Lehren des Neuanfangs zuzuhören. Sie saßen gespannt auf ihren Plätzen und warteten auf die Weisheit ihres Meisters.

„Vor vielen Jahren, in einer schwierigen Zeit, als ich selbst noch ein Suchender war, stand ich an einem Wendepunkt in meinem Leben", sagte Meister Reno in einem ruhigen und nachdenklichen Ton.

Seine Augen leuchteten etwas, als er sich an vergangene Zeiten erinnerte.
„An einem solchen Morgen entschied ich mich, auf einen einsamen Hügel zu wandern, der ganz in der Nähe des Klosters war. Ich saß auf dem Felsen und schaute eine Weile zum Horizont hinauf. Ich konnte die sanften Sonnenstrahlen auf meinem Gesicht spüren und fühlte eine tiefe innere Ruhe. Ich erkannte an diesem speziellen Tag, dass jeder Sonnenaufgang die unendlichen Möglichkeiten eines Neuanfangs in Erinnerung ruft."

Meister Reno stoppte kurz, damit seine Schüler seine Worte verinnerlichen konnten.
„Solche Erfahrungen bringen uns bei, dass Hoffnung an jedem neuen Tag entsteht. Jeder Atemzug erinnert uns daran, dass wir unser Leben ändern können - wenn wir es wollen. Ein paar Sekunden trat Stille in den Raum und jeder war in seinen Gedanken versunken.

Dann fuhr er fort: „In den dunkelsten Stunden unseres Lebens können wir uns am Sonnenaufgangslicht orientieren. Es ist ein Symbol dafür, dass wir die Welt mit neuen Augen sehen und unser Herz öffnen können."

Die Stunde war zu Ende und die Schüler verließen langsam den Meditationsraum. Sie waren bereit, die Lehren des Neuanfangs in ihr eigenes Leben zu übernehmen.

„Und vergesst nicht, bei jedem Sonnenaufgang besteht die Chance, euer Leben neu zu gestalten", sagte er zu jedem Einzelnen, als er ihn liebevoll verabschiedete.

Impuls: Möge die Hoffnung eines neuen Tages auch dein Herz erleuchten und dir die Kraft des Neuanfangs schenken.

Der Garten des Vergebens

In einem wundervollen Garten, der in einem Zen-Tempel verborgen lag, erlebte Ella eine außergewöhnliche Reise: Die Reise durch den Garten des Vergebens.

Die Vögel sangen Melodien von Neuem, und der Frühling hatte den Tempel in ein farbenprächtiges Blütenmeer verwandelt. Ella wurde von Meister Akato zu einem geheimnisvollen Brunnen geführt, umgeben von Kirschbäumen, deren Zweige sich in der Wasseroberfläche spiegelten.

„Ella, der Garten des Vergebens ist der Ort, an dem die Lasten der Vergangenheit zu den Blumen der Freiheit erblühen. Hier beginnt die tatsächliche Befreiung", erklärte Meister Akato.

Am Ufer des Brunnens setzten sie sich nieder und der sanfte Klang des Wassers begleitete die Worte des Meisters. „Ella, schließe deine Augen und lass die Erinnerungen der Vergangenheit vorbeiziehen. Verweile in den Momenten, die in deinem Herzen noch ungesühnt sind."

Ella befolgte die Anweisungen und befand sich plötzlich in einem Garten der Erinnerungen wieder. Momente des Schmerzes und der Enttäuschung, begleitet von einem leisen Flüstern des Selbstvorwurfs, erschienen vor ihrem inneren Auge.

Meister Akato riet ihr, ihre Gefühle zuzulassen und den Vergebensbrunnen als Heilquelle zu erkennen.
Begleitet von der zarten Brise des Frühlings, erkundete Ella in den folgenden Wochen ihre inneren Pfade. Sie erkannte, dass Vergebung ein Geschenk an sich selbst ist und nicht nur ein Akt des Loslassens. Mit jedem Schritt durch den Garten des Vergebens wurde ihre Last leichter, und die Blumen ihrer Seele erblühten.

Meister Akato lächelte zufrieden, als Ella ihm ihre Erfahrungen erzählte.
„Der Garten des Vergebens ist ein Ort, an dem man nicht vergessen kann, sondern das Erinnern mit einem offenen Herzen lernt. Möge dich deine Vergebungsreise zur inneren Freiheit führen."

Der Garten des Zen-Tempels war in voller Blüte, als der Sommer ins Land kam. Ella fühlte, wie sich sowohl die äußere als auch ihre innere Seelenlandschaft in ein lebendiges Gemälde verwandelten. In ihrem Herzen floss der Brunnen des Vergebens als Quelle innerer Freiheit und die Bürde der Vergangenheit hatte Platz für die Leichtigkeit des Augenblicks.

Impuls: Lass die Kraft der Vergebung sich in deinem Herzen breitmachen und spüre die Blumen der Leichtigkeit in deiner Seele.

Die Perfektion im Unvollkommenen

Der Schreiner Toshki wohnte in einem idyllischen Dorf, umgeben von sanften Hügeln und duftenden Blumen. Toshki war nicht nur für sein meisterhaftes Handwerk bekannt, sondern auch für sein unendliches Streben nach Perfektion. Viele Stunden verbrachte er täglich in seiner Werkstatt, um seine Möbelstücke noch weiter zu verbessern. Eines Abends saß er wieder frustriert vor einem fertigen Möbelstück - denn egal, wie fleißig er arbeitete, er entdeckte immer noch einen Fehler, den er beheben wollte. Grimmig ging er schlafen und wachte schlechtgelaunt am nächsten Morgen auf.

Er musste unbedingt einen Weg finden, seine Möbelstücke perfekt hinzubekommen.

Eines Tages kam ein alter Mann zu Toshki und gab eine Bestellung für ein spezielles Möbelstück auf. Er wünschte sich einen kleinen Schrank, um seine wertvollen Schätze aufzubewahren. Toshki freute sich, denn er hatte nun die Möglichkeit, seine Fähigkeiten unter Beweis zu stellen. Er dankte für den Auftrag und versprach dem alten Mann, das beste Werk zu kreieren, das jemals aus seiner Werkstatt heraus gekommen war. In den kommenden Wochen arbeitete Toshki fleißig daran.

Als weitere Wochen vergangen waren, in denen Toshki unermüdlich am Schrank gearbeitet hatte, war es soweit. Ein letztes Mal prüfte er alle Einzelheiten gründlich, perfektionierte jede Kurve und schloss dann seine Arbeit ab. Stolz präsentierte Toshki dem alten Mann sein Meisterwerk. Doch als Toshki den Mann ansah, konnte er in seinen Augen Enttäuschung erkennen. Verwirrt fragte er: „Was ist los, gefällt er dir denn nicht?"

Lächelnd antwortete der alte Mann: „Mein lieber Toshki, dein Handwerk ist zweifellos meisterhaft, aber du hast vergessen, die Schönheit der Unvollkommenheit einzubeziehen."

Toshki war durcheinander und dachte nach.

„Weißt du, Toshki, Vollkommenheit bedeutet nicht ohne Fehler zu sein, sondern darin, die Einzigartigkeit jedes Makels zu würdigen. Schau nur in die Natur, selbst dort findet die Schönheit ihre Unvollkommenheiten. Ein Baum mit seinen schiefen Ästen, eine Blume mit verformten Blütenblättern – und doch sind alle auf ihre Art vollkommen."

Toshki sah den Mann mit großen Augen an. Seine Worte hatten ihn sehr berührt und bahnten sich einen Weg, tief zu seinem Herzen.

Endlich verstand er, dass es seine Sehnsucht nach Perfektion war, die ihn daran gehindert hatte, die wahre Schönheit seiner Werke zu erkennen.
Seit diesem Tag entwickelte er ein neues Verständnis für Schönheit und Perfektion, er begann seine Möbelstücke mit einem offenen Herzen zu gestalten. Auch veränderte er sich komplett, er lächelte den ganzen Tag, erfreute sich an seiner Arbeit und schätzte die Besonderheit jedes Holzstücks und jedes Details.

Menschen aus der Ferne kamen zu ihm, bestellten Möbelstücke und bewunderten seine einzigartige Handwerkskunst, die die Perfektion im Unvollkommenen darstellte.

Impuls: Mögest auch du verstehen, was Perfektion wirklich bedeutet – die Fähigkeit, Schönheit im Unvollkommenen zu erkennen. Lass diese Weisheit dein Bestreben nach Lebensvollkommenheit steuern und finde Freude und Erfüllung darin, dich selbst und andere zu akzeptieren.

Die Kunst der Selbstachtung

Meister Poruki sprach mit einem seiner Schüler über die tiefere Bedeutung von Selbstachtung. Sie saßen im prachtvollen Zen-Garten, der von zahlreichen Bäumen und dem leisen Plätschern eines Bachs umgeben war.

„Meister", fing der Student nachdenklich an, „sag mir bitte, wie findet man echte Selbstachtung?"

„Wahre Selbstachtung ist wie das Erkennen der Schönheit in einem Garten voller Blumen", antwortete Meister Poruki, nachdem er seinen Blick über die grünen Wogen der Bäume schweifen ließ. Jede einzelne Blüte ist so individuell und hat ihre eigene Farbe und Form, und doch strahlen alle eine einzigartige Schönheit aus. Das ist wie bei uns Menschen.

Obwohl wir Ecken und Kanten haben, liegt unsere wahre Schönheit in unserer Einzigartigkeit."

Das Interesse des Schülers war geweckt und er fragte weiter:
„Aber wie kann man lernen, sich selbst mit allen Macken und Fehlern zu akzeptieren?"

Lächelnd und verständnisvoll antwortete Meister Poruki:
„Indem wir beginnen, uns selbst mit Mitgefühl und Freundlichkeit zu betrachten. Wir haben jeden Tag die Möglichkeit, uns einen Moment Zeit zu nehmen, um unsere wundervollen Eigenschaften zu erkennen und all die Stärken sowie unsere Schwächen anzunehmen, denn sie machen uns zu dem, was wir sind."

Es kehrte eine besondere Stille in den Zen-Garten ein, der Schüler reflektierte die Worte des Meisters und spürte immer mehr, wie ein Gefühl von Ruhe und Akzeptanz sich in ihm breitmachte. Er begriff, dass Selbstachtung nicht etwas war, das man erreichen konnte, nein vielmehr glich es einem anhaltenden Prozess der Selbstreflexion und Selbstannahme.

Nach vielen Stunden voller Inspiration verließ der Schüler den Zen-Garten. Er spürte ein neues Gefühl und eine Erleichterung bei jedem seiner Schritte. Er bemerkte eine tiefe Verbundenheit zu sich selbst und lächelte dankbar.

Dieser Tag hatte ihn erkennen lassen, dass Selbstachtung nicht nur ein großes Geschenk für sich war, sondern auch eine Möglichkeit, anderen Menschen gegenüber mitfühlender und freundlicher zu sein.

Impuls: Finde täglich einen Moment der Ruhe, um dich mit dir selbst zu verbinden, zu reflektieren und deine Besonderheit zu entdecken.

Die Kraft deiner Handlungen

In einem abgeschiedenen Dorf wohnte Haro, ein junger Mann, der sich ständig beschwerte - kein anderer hatte soviel Pech im Leben wie er. Täglich stand er vor großen Herausforderungen und außergewöhnlichen Schwierigkeiten, die das Leben für ihn vorgesehen hatte. Er war deprimiert und verstand nicht, weshalb ihm immer wieder schlimme Dinge passierten.

Die Traurigkeit überwältige ihn und eines Tages beschloss er, den alten Weisen des Dorfes zu besuchen und um Rat zu bitten.

Haro wurde von dem Weisen, der Arolott hieß, mit einem freundlichen Lächeln empfangen. Er bot ihm einen Platz an seinem Tisch und einen Tee an.
„Erzähl mir, wie kann ich dir helfen?", fragte er ihn.
„Meister Arolott, warum nur ist das Leben so unfair zu mir?", sagte Haro und erzählte dem Weisen seine Geschichte. Ich versuche täglich mein Bestes zu geben, doch ich scheitere trotzdem immer wieder."
Der alte Mann dachte eine Weile nach und dann begann er Haro eine Geschichte zu erzählen: „Es war einmal ein junger Gärtner namens Taki, der von einem wunderschönen Garten träumte. Er wollte ihn selbst erschaffen und so begann er ein paar Tage später damit. Er machte alles mit großer Begeisterung und Sorgfalt, doch schon bald gab es unerwartete Schwierigkeiten. In seinem Garten wuchs jede Menge Unkraut und zerstörte seine sorgfältig angepflanzten Blumen. Sogar die Vögel fraßen die Samen, ehe sie überhaupt keimen konnten. Taki war traurig und zutiefst enttäuscht. Er wunderte sich, warum ihm das passieren musste, er hatte doch so fleißig an allem gearbeitet.
Eines Tages stieß er auf einen älteren Mann. Auch er war ein Gärtner und er sagte zu ihm: „Mein junger Freund, denke immer daran, dass das, was du in deinen Garten säst, auch das ist, was du ernten wirst. Du wirst eines Tages die Früchte deiner Bemühungen ernten, wenn du Liebe und Geduld in deine Arbeit einbringst", sagte er mit einem breiten Lächeln.
Taki erkannte die Klugheit des Alten, dankte ihm von Herzen und änderte seine Haltung. Er begann, seine Tätigkeit mit Dankbarkeit und Liebe auszuführen, und nahm die Schwierigkeiten des Gärtnerns als Teil des Prozesses an. Schon bald erstrahlten die Blüten seines Gartens in leuchtenden Farben.

Haro schnaufte hörbar, als Arolott seine Geschichte beendete. „Mein lieber Haro, Karma ähnelt einem Garten in unserem Herzen. Unsere Handlungen sind vergleichbar mit den Samen, die wir dort pflanzen. Wenn wir der Welt Liebe, Mitgefühl und Güte vermitteln, werden wir auch die positiven Folgen unserer Handlungen ernten. Wenn wir jedoch Negativität und Hass säen, müssen wir auch diese Folgen ertragen. Denke über die Samen nach, die du in deinem Leben sähst. Vergiss bei allem niemals die Dankbarkeit und sei bereit, Verantwortung für deine Taten zu übernehmen. Denn letztlich liegt es an dir, welchen Garten du in deinem Leben gestalten wirst."

Nachdem Haro sich alles angehört hatte, fühlte er sich verändert. Er spürte ein tiefes Wissen in seinem Herzen und er realisierte, dass er alleine es war, der sein Schicksal selbst gestalten konnte, indem er absichtlich positive Taten vollbrachte und Mitgefühl für sich und andere pflegte.

Impuls: Mögest auch du die richtigen Samen sähen, um das zu ernten, was du verdienst.

Die Kraft des positiven Denkens

Der weise Mönch Trohal wohnte in einem alten Zen-Tempel in den Bergen. Seine positive Haltung und seine Fähigkeit, auch in herausfordernden Situationen das Gute zu erkennen, waren weit über die Grenzen hinaus bekannt. Eines Tages wandte sich eine verzweifelte Frau an ihn und beschwerte sich über sämtliche Schwierigkeiten in ihrem Alltag. Sie wurde von Trohal eingeladen, sich mit ihm zu treffen und einen Tee zu trinken. Als sie zusammensaßen und den Tee tranken, blickten sie aus dem Fenster und betrachtete eine Weile die Weite des Himmels.

Nach einer Weile sagte der Mönch: „Ich möchte dir gerne

eine Geschichte von einem alten Bauern und seinem Sohn erzählen." Sie nicke und hörte gespannt zu.

„Eines Morgens bemerkte der Bauer, dass sein bestes Pferd weggelaufen war. Sofort sprach es sich im Dorf herum und die Nachbarn kamen, um ihm ihr Beileid auszusprechen.

„Vielleicht ist es ein Unglück, vielleicht ist es aber auch ein Segen", sagte der Bauer.

Einige Tage später kam das vermisste Pferd wieder und brachte eine Herde von wilden Pferden mit. Wieder waren sämtliche Nachbarn bei ihm und gratulierten ihm fröhlich. Auch diesmal sagte der Bauer: „Vielleicht ist es ein Unglück, vielleicht aber auch ein Segen."

Sein Sohn war hingegen erfreut über all die neuen Pferde und versuchte, eines der wilden Pferde zu zähmen. Dabei brach er sich das Bein.

Der Bauer beruhigte seinen Sohn und wie gewohnt sagte er ruhig: „Vielleicht ist es ein Unglück, vielleicht aber auch ein Segen."

Kurze Zeit später kam es zu einem Krieg und alle jungen Männer des Dorfes wurden zum Kampf gezwungen. Nur der Sohn des Bauern konnte bleiben, denn sein Bein war immer noch gebrochen."

Nachdem er die Erzählung beendet hatte, lächelte Trohal und sprach mit der Frau: „Wie der Bauer, wissen auch wir oft nicht, ob etwas Glück oder Unglück bringt. Aber wir können unsere Reaktion darauf durch positives Denken auswählen. Durch die positiven Aspekte jeder Situation können wir inneren Frieden und Gelassenheit finden."

Die Frau strahlte ihn an. Mit einem neuen Verständnis und der Absicht, ihr Denken zu verbessern, ging die Frau aus dem Tempel hinaus. Ihr wurde bewusst, dass ihr Glück nicht von den äußeren Bedingungen bestimmt wird, sondern von ihrer eigenen Einstellung. Jeder Augenblick bietet die Chance, das Gute zu erkennen und inneren Frieden zu finden.

Impuls: Erlebe die Kraft deiner persönlichen Sichtweise: Auch in den herausforderndsten Augenblicken des Lebens kann man das Gute finden und inneren Frieden erleben.

Komm in meine Community!

Möchtest du exklusive Einblicke in meine Welt voller inspirierender Geschichten und wertvoller Tipps für Klein und Groß erhalten? Dann komm in meine Community und verpasse keine Infos, Verlosungen und Retreats mehr!

Es gibt immer was Tolles bei mir. Mal darfst du kostenlos meine Bücher testlesen, erhältst Rabatte oder Geheimtipps aus meinen Bereichen: Welt der Bücher, Hochsensibilität, Selbstliebe, Mindset oder Beziehungen.

Sei dabei und entdecke zeitgleich auch das Potenzial in dir für ein erfülltes Leben. Ich freue mich darauf, dich in meiner Newsletter-Familie zu begrüßen!

Deine Astrid
www.astridschneider.com

Weitere Bücher von mir!

Für Kinder:

Einfach QR Code scannen und meine Bücher entdecken.

Für Erwachsene:

**Hat es dir gefallen?
Dann bewerte dieses Buch.**

https://www.amazon.de/ryp

Scanne mich:

Deine Meinung ist mir wichtig, deshalb freue ich mich, wenn du das Buch bewertest. Dazu bitte einfach den QR Code scannen.

Feedback und Anmerkungen gerne an:
info@astridschneider.com

Impressum:
Deutschsprachige Erstausgabe 05/2024
ISBN Taschenbuch: 978-3-384-42087-9

Copyright © 2024 AS Kids Verlag
Astrid Schneider
Vertreten durch:
Astrid Schneider, Längapiesting 39, 2770 Gutenstein, Österreich
www.astridschneider.com

Illustratorin: Claudia Vollmer
Cover Illustration: Laura Gemmeke
Illustrationen: Canva, midjourney (alle Lizenzen vorhanden)

Alle Rechte vorbehalten. Nachdruck, auch auszugsweise, nicht gestattet. Das Werk, einschließlich seiner Teile, ist urheberrechtlich geschützt. Jede Verwertung ist ohne Zustimmung des Verlages und der Autorin unzulässig. Dies gilt insbesondere für die elektronische oder sonstige Vervielfältigung, Übersetzung, Verbreitung und öffentliche Zugänglichmachung.